La réglementation du travail des chauffeurs routiers

Stéphane Carré

Maître de Conférences à l'Université de Nantes

L'Harmattan
5-7, rue de l'École-Polytechnique
75005 Paris
FRANCE

L'Harmattan Hongrie
Hargita u. 3
1026 Budapest
HONGRIE

L'Harmattan Italia
Via Degli Artisti, 15
10124 Torino
ITALIE

Collection LA JUSTICE AU QUOTIDIEN
fondée et dirigée par Jean-Paul Céré

Maître de Conférences à l'Université de Pau et des Pays de l'Adour

*La collection **LA JUSTICE AU QUOTIDIEN** a pour objectif de rendre le droit accessible à tous, aux professionnels comme aux particuliers. Elle se destine à la publication d'ouvrages, rédigés par des spécialistes reconnus, permettant de présenter de manière fonctionnelle et complète le système de justice actuel et de proposer des solutions aux problèmes juridiques de la vie courante.*

Dans la même collection :

1. Le permis à points (J.P. Céré)
2. Le droit de l'affichage (P. Zavoli)
3. La médiation pénale (P. Mbanzoulou)
4. La responsabilité des constructeurs (S. Bertolaso et E. Ménard)
5. Le contrôle fiscal des particuliers (E. Péchillon)
6. Les référés d'urgence devant le juge administratif (J. Gourdou, A. Bourrel)
7. La responsabilité des services de police et de secours (X. Latour)
8. Le procureur de la République (J.C. Dintilhac)
9. Les surveillants de prison (J.C. Froment)
10. Le droit des peines (G. Lorho et P. Pélissier)
11. Les droits des mères. Vol. 1 (S. Gamelin-Lavois, M. Herzog-Evans)
12. Les droits des mères. Vol. 2 (S. Gamelin-Lavoise, M. Herzog-Evans)
13. L'expropriation pour cause d'utilité publique (G. Ganez-Lopez)
14. Le droit de grève (F. Chopin)
15. Les PV de stationnement (J.P. Céré)
16. Les droits de l'acquéreur d'un bien immobilier (F. Cohey-Cordey)
17. Election et modes de scrutins (B. Pauvert)
18. Les locations en meublée (J. Cayron)
19. Le placement sous surveillance électronique (Ch. Cardet)
20. Le droit des associations (K. Rodriguez)

ISBN : 2-7475-6589-0
EAN : 9782747565899

Principales abréviations

Art .... Article
Al .... Alinéa
BT .... Bulletin des Transports
BTL .... Bulletin des Transports et de la Logistique
CA .... Cour d'Appel
Cass. crim .... Chambre criminelle de la cour de cassation
Cass. soc .... Chambre sociale de la cour de cassation
C. civ .... Code civil
Cf .... Confère
Cons. d'Et .... Conseil d'Etat
C. pén .... Code pénal
C. route .... Code de la route
C. santé publ. .... Code de la santé publique
C. séc. soc. .... Code de la sécurité sociale
C . trav .... Code du travail
D .... Recueil Dalloz
DO .... Revue Droit Ouvrier
Ed .... Edition
Gaz. Pal .... Gazette du Palais
Infra .... Ci-dessous
JO .... Journal Officiel
JCP .... Jurisclasseur, La semaine juridique
LOTI .... Loi d'Orientation des Transports Intérieurs
PA .... Petites Affiches
P., pp .... Page(s)
PTAC .... Poids total autorisé en charge
RTD civ .... Revue trimestrielle de droit civil
S .... Suivant
Supra .... Ci-dessus
TRM .... Transport Routier de Marchandises

Introduction

Le métier de chauffeur routier est souvent perçu comme une activité professionnelle un peu particulière. Le « *routier* » serait un personnage à part, parfois même un marginal. Toute une littérature joue de cette représentation du chauffeur routier, dont le fondement est l'indépendance, réelle, supposée ou revendiquée, d'un conducteur partant seul pour un long voyage.

Cependant, lorsque l'on pense ainsi du routier, l'image est seulement celle du « *grand routier* » au volant d'un « *TIR* », ainsi que l'on s'exprime parfois. Mais un chauffeur routier, expression aujourd'hui un peu désuète mais plus précise que celle de conducteur, renvoie en pratique à toute personne chargée de conduire un véhicule afin d'assurer le transport d'une marchandise ou d'une personne. Il existe donc une très grande variété de chauffeurs routiers.

Entrent dans cette catégorie générique ceux qui conduisent des taxis, des ambulances, des bus, des cars et les chauffeurs de grande remise. Sont également concernés des conducteurs « *marchandises* » tels les chauffeurs-livreurs travaillant en ville à l'aide de camionnettes, ceux qui effectuent des « *ramasses* » locales dans le secteur de la messagerie, les convoyeurs de fonds, les déménageurs, les « *jokers* » convoyant des véhicules légers, ceux participant à la collecte des ordures ménagères…

Cette diversité des situations, fondée sur la nature des transports à effectuer, se trouve redoublée par le fait que nombre de chauffeurs ne sont pas des salariés mais des travailleurs indépendants. Le droit du travail ne leur est donc pas applicable. Cette dichotomie entre chauffeurs salariés et indépendants n'est cependant pas le terme de l'extraordinaire variété des règles du travail applicables aux conducteurs professionnels.

En effet, il existe de longue date une réglementation spécifique du travail dans le secteur routier. Seuls les chauffeurs salariés des entreprises du transport public sont ici concernés alors que les conducteurs employés par des entreprises assurant pour leur propre compte un transport bénéficient du droit commun du travail et des avantages conventionnels propres à chaque secteur d'activité (métallurgie, chimie, BTP...).

Un décret du 15-8-1930 relatif à l'application de la loi du 23-4-1919 sur la journée de huit heures dans les entreprises de transport et déménagement, de location, de garage de voitures et de pompes funèbres fixait déjà un certain nombre de règles particulières applicables à un secteur d'activité encore dans l'adolescence. En particulier, les « *conducteurs d'automobiles, cochers, charretiers, camionneurs, déménageurs...* » pouvaient voir leur journée de travail prolongée de quatre heures pourvu qu'il n'en résulte pas une réduction du repos entre chaque journée en deçà de douze heures. Ce texte fut plusieurs fois modifié (par les décrets des 2-10-1931, 28-6-1935).

Avec l'instauration de la semaine de quarante heures (loi du 21-6-1936) apparurent de nouvelles adaptations réglementaires. Un décret du 27-4-1937, tout en maintenant le principe des quarante heures de travail hebdomadaires, disposait notamment que les chauffeurs puissent effectuer deux heures et demie à trois heures de travail supplémentaire par jour, lorsqu'un repas était compris dans le « *temps de service* ». Le même décret organisait la journée de travail du personnel roulant des transports en commun de voyageurs sur la base de « *l'amplitude journalière de travail* », notion qui reste aujourd'hui centrale dans ce secteur d'activité.

Cependant, plusieurs décrets modifièrent rapidement la donne. Un décret du 16-7-1937 puis un décret du 24-6-1939 portant réglementation du travail du personnel des entreprises de transport par terre intégra en particulier des périodes assimilables à des heures d'équivalence, ne permettant de retenir que 50% du temps écoulé, lorsque les conducteurs « *marchandises* », se trouvant « *haut-le-pied* », n'assuraient pas un travail effectif (attentes au dépôt, double équipage...). Surtout, les « *périodes d'inaction* » n'entraient pas dans le temps de travail effectif.

Cette réglementation d'avant-guerre abordait tant la position des chauffeurs routiers des transports urbains que celles des autres catégories de conducteurs professionnels des entreprises de transport routier (à l'exception de Paris et des services annexes à ceux des chemins de fer « *secondaires* »). Mais une loi du 3-10-1940 relative au régime du travail des agents de chemin de fer dispose d'une réglementation sociale largement autonome pour le personnel des transports urbains. Pour ces salariés, la réglementation de droit commun sur la durée du travail n'est plus le fondement d'adaptations. Le législateur décide notamment que le « *régime de travail* » des agents des « *chemins de fer d'intérêt local* » fera l'objet d'arrêtés spécifiques. Un arrêté du 12-11-1942 sur la réglementation du travail applicable aux réseaux de tramways urbains ainsi qu'aux « *omnibus automobiles* » annexés à ces réseaux concrétise cette situation qui perdure aujourd'hui.

Dès lors, à la Libération, le décret n° 49-1467 du 9-11-1949 déterminant les modalités d'application des dispositions de la loi du 21-6-1936 sur la durée du travail dans les entreprises de transport par terre exclut explicitement le cas des transports publics urbains de voyageurs. Mais certaines tendances demeurent et se trouvent même renforcées. Ainsi, pour les chauffeurs « *marchandises* », sont prévues des dérogations à la journée de travail de huit heures du fait des « *nécessités de l'exploitation* », la prise en compte partielle des périodes où le travailleur est à la simple disposition de l'employeur, la mise en place explicite « *d'équivalences* » pour le calcul de la durée hebdomadaire du travail.

Le décret de 1949 aura la vie longue. Il ne va être abrogé que par l'actuel décret du 26-1-1983. Mais dès cette époque se met en place une partie de la législation qui reste encore aujourd'hui à la base du statut des chauffeurs routiers. D'abord, une convention collective nationale de branche des transports routiers et activités auxiliaires du transport est conclue le 21-12-1950. Elle sera étendue par arrêté le 1-2-1955. Ensuite, au tournant des années cinquante et soixante apparaît ce qui va devenir le socle le plus large d'un hypothétique statut des chauffeurs routiers : une législation de sécurité routière qui, au nom de cet objectif, va fixer un certain nombre de limites temporelles à l'exercice professionnel de la conduite d'un véhicule.

L'ordonnance n° 58-1310 du 23-12-1958 (toujours en vigueur) et un décret n° 58-1314 du 23-12-1958 posent les bases de cette réglementation en principe applicable à « *la conduite et à l'exploitation de tous véhicules de transport routier de voyageurs ou de marchandises publics ou privés* » (art. 1er de l'ordonnance de 1958). Un décret n°60-1383 du 17-12-1960 fixe alors des durées maximales de conduite journalière (douze heures), des durées maximales de conduite continue (cinq heures) et des temps de repos minimaux « *à terre* ». Mais c'est une réglementation européenne qui, dès 1969, prendra le relais du décret de 1960 (abrogé en 1971), ce règlement communautaire (n° 543/69 du 25-3-1969) étant lui-même remplacé par l'actuel règlement n° 3820 CEE du 20-12-1985. Il est remarquable que le règlement communautaire de 1969, concernant les durées maximales de conduite, posait à terme des restrictions qu'aujourd'hui encore la réglementation ne retrouve pas. De la sorte, le double équipage était imposé pour les parcours journaliers les plus longs, la durée de conduite continue ne pouvait dépasser quatre heures ni la durée hebdomadaire de conduite, quarante-huit heures (pour une comparaison avec la réglementation communautaire actuelle, cf. *infra*, seconde Partie, Section 2).

La sécurité routière est donc une dimension essentielle du métier de chauffeur routier. Elle participe à la condition sociale du chauffeur routier. Le conducteur prend des risques et en fait courir aux autres usagers de la route. Il faut donc qu'il soit formé à la sécurité routière, protégé si nécessaire contre des risques qu'il n'a pu éviter, mais sanctionné également quand son attitude au volant le rend dangereux. Surtout, l'impératif de la sécurité routière justifie qu'il ne conduise pas dans un état anormal de fatigue, donc qu'il ne travaille, ni ne conduise trop longtemps et qu'il prenne périodiquement des repos.

La réglementation du travail des chauffeurs routiers est donc aussi une réglementation de sécurité routière qui tend ici à s'appliquer à tous les conducteurs, qu'ils soient salariés ou non. Les chauffeurs routiers ne sont pourtant pas ceux qui causent le plus d'accidents sur la route. Mais il est évidemment injustifiable que le lucre, et en conséquence la surexploitation d'un chauffeur routier, soit la cause directe du moindre accident.

J. J. Munier voyait dans cette législation de sécurité routière un mouvement irrévocable vers une unification de la profession de chauffeur routier (« *Le statut social des routiers* », éd. Librairies techniques, Paris, 1960). Il n'en a rien été. Déjà, l'application du droit du travail aux chauffeurs routiers ne concerne que les conducteurs salariés. De plus, la réglementation sociale, au nom des besoins de l'exploitation des seuls transporteurs publics, fixe toujours des règles dérogatoires en matière de durée du travail. Ces règles semblent pourtant quelque peu en opposition, du moins indifférentes aux questions de sécurité routière. Une contradiction latente existe donc entre ces deux types de réglementation. Il n'empêche que, contrairement aux apparences fugitives que nous pouvons en avoir en les croisant sur la route, rien ne ressemble moins à un chauffeur routier qu'un autre chauffeur routier.

1

Le droit du travail applicable aux chauffeurs routiers

Le droit du travail applicable aux chauffeurs du secteur des transports routiers connaît souvent des particularismes, notamment en ce qui concerne la réglementation du temps de travail (Section 2). Mais ces particularités tiennent en général aux diverses catégories de conducteurs, selon les véhicules conduits ou la nature du transport effectué. C'est pourquoi, il est d'abord nécessaire de préciser quelles sont les catégories de chauffeurs susceptibles de se voir appliquer ces règles particulières (Section 1), d'autant qu'aux règles d'inspiration sociale se superposent des règles qui viennent également encadrer l'activité professionnelle du conducteur, mais dont l'objectif est d'abord la sécurité routière, et dont le champ d'application est différent de la réglementation du travail, au sens strict du terme.

Section 1. Des chauffeurs routiers aux statuts très divers

Ainsi que nous l'avons souligné, la diversité des règles applicables aux chauffeurs routiers tient en partie au fait que tous les conducteurs professionnels ne sont pas des salariés. Cependant, dans les faits, les tâches et les contraintes supportées par les conducteurs indépendants et les chauffeurs salariés sont bien souvent similaires tandis que, en droit, la sécurité routière impose également aux uns et aux autres le respect de certaines règles en matière de conditions de travail.

Mais la variété des règles applicables aux chauffeurs routiers tient aussi aux caractéristiques des véhicules qu'ils conduisent. En effet, de manière générale, les règles communautaires en matière de temps de conduite et de temps de repos ne sont pas applicables aux conducteurs effectuant des opérations de transport au moyen de véhicules légers ou sur de très courtes distances.

Par contre, si les règles communautaires s'appliquent à bon nombre de chauffeurs, qu'ils soient salariés ou indépendants, un élément de diversité supplémentaire apparaît si l'on considère que les conducteurs salariés, travailleurs itinérants, font des routes de France et d'Europe leur lieu de travail commun alors qu'ils relèvent de législations sociales différentes selon le pays dont ils proviennent.

De plus, tous les chauffeurs routiers ne dépendent pas du secteur privé. Certains conducteurs professionnels relèvent ainsi d'une fonction publique et échappent aux dispositions du droit du travail.

Mais à n'observer que les conducteurs salariés du secteur privé, il faut derechef distinguer entre ceux employés par des entreprises exécutant des transports pour leur propre compte et ceux qui travaillent dans des entreprises de transport agissant pour le compte d'autrui. Nous savons déjà que seuls les chauffeurs salariés des entreprises du secteur des transports routiers sont assujettis à une réglementation particulière, notamment en matière de temps de travail.

On aurait cependant tort de croire que là s'arrête la fragmentation du statut social des chauffeurs. Au sein même des transports publics, un conducteur « *voyageurs* » n'est pas assujetti exactement aux mêmes règles qu'un conducteur « *marchandises* ». Un conducteur de car bénéficie de règles plus proches d'un conducteur de camion qu'un conducteur de bus. Les conditions de travail d'un « *grand routier* » ne sont pas celle d'un chauffeur « *courte distance* »...

§ 1. Conducteurs salariés et artisans chauffeurs

L'article 10 de la LOTI (loi d'orientation des transports intérieurs du 30-12-1982) dispose que « *les dispositions du code du travail relatives aux conditions et à la durée du travail s'appliquent aux salariés chargés de la conduite ou du pilotage et aux personnels qui leur sont assimilés* ». Mais il va sans dire que c'est l'ensemble des dispositions du code du travail qui sont applicables aux chauffeurs salariés, nonobstant l'existence de règles sociales particulières en matière de conditions de travail.

Cependant, le secteur des transports routiers est caractérisé par l'important morcellement de ses entreprises. Il en résulte qu'un nombre considérable de celles-ci sont de toutes petites exploitations n'employant aucun salarié, ou très peu, tandis que l'exploitant exerce lui-même la fonction de chauffeur. Nous sommes donc en présence d'un conducteur non salarié, par ailleurs employeur de quelques conducteurs, sinon d'un travailleur indépendant. Communément dénommés « *artisans chauffeurs* », ils sont en réalité des commerçants. Les dispositions protectrices du code du travail ne leur sont donc pas applicables. Seuls les règlements communautaires n° 3820 et n° 3821 du 20-12-1985 leur sont appliqués, de même qu'ils seront assujettis, à compter de 2009, à certaines dispositions en matière de temps de travail, en vertu de la directive communautaire n° 2002/15/CE du 11-3-2002 relative à l'aménagement du temps de travail des personnes exécutant des activités mobiles de transport routier.

Ces artisans chauffeurs sont des transporteurs quand ils acceptent de prendre en charge un voyageur (tel un artisan, chauffeur de taxi ou d'ambulance) ou une marchandise. Ils peuvent encore être des loueurs de véhicules avec chauffeur. Dans ce cas, bien que travailleurs indépendants, ils se mettent à la disposition d'un client, en tant que chauffeur, ce qui les rapproche de la situation juridique du salarié.

Mais un « *artisan chauffeur* », quoique régulièrement inscrit au registre du commerce, ainsi qu'à celui des transporteurs et des loueurs, n'est réellement un commerçant que si les conditions dans lesquelles il exerce son activité correspondent à celles que laisse présumer son statut. Entrepreneur, il doit être maître de son entreprise. Il doit pouvoir choisir librement la politique commerciale qui lui semble la meilleure. Il doit également pouvoir s'organiser comme bon lui semble afin de satisfaire au mieux ses clients. Or, il se trouve que nombre d'artisans chauffeurs ne travaillent que pour un seul donneur d'ordre, qui peut étroitement organiser et contrôler l'activité du conducteur. Dès lors, l'indépendance commerciale et technique du travailleur indépendant peut être sévèrement mise à mal tandis qu'apparaissent, tel un salarié, les indices constitutifs d'une subordination juridique.

Afin de mettre en évidence l'existence d'une relation salariale, les tribunaux avancent certes les indices d'une subordination juridique. Ils constatent que l'artisan chauffeur devait respecter les consignes unilatérales du donneur d'ordre et la discipline interne de l'entreprise (▪ *cass. crim. 14-5-1992, BTL 1993, p.149* ▪ *cass. crim. 24-2-1998, BTL 1998, p.287* ▪ *cass. soc. 15-11-2000, BTL 2000, 819* ▪ *cass. soc. 10-7-2002, BTL 2002, p.512*). Cependant, l'existence de telles consignes ou l'étroit contrôle de l'exécution de la prestation est insuffisant pour démontrer la présence d'une subordination juridique quand le chauffeur indépendant garde une relative autonomie dans la manière de gérer son entreprise (▪ *CA Rennes 14-11-2000 BTL 2001, p.714* : chauffeur indépendant se mettant à la disposition d'une entreprise sous couvert d'un contrat de location, mais qui embauche ponctuellement un salarié et refuse d'effectuer des tournées le week-end).

En réalité, dans le faisceau d'indices mis en avant par les tribunaux pour constater la présence d'une relation salariale, la démonstration d'une excessive dépendance économique du prétendu chauffeur artisan est essentielle. La subordination juridique est déduite de cette dépendance parce qu'elle laisse présumer l'impossibilité dans laquelle est le chauffeur de discuter les termes de sa relation avec le donneur d'ordre.

L'un des critères est l'existence d'une exclusivité de fait (▪ *cass. soc. 25-4-2001, BTL 2001, p.358*) ou d'une clause d'exclusivité empêchant le chauffeur indépendant de développer une activité commerciale propre (▪ *cass. crim. 5-1-1995, BTL 1995, p.284* ▪ *cass. soc. 2000, BTL 2000, p.819* ▪ *cass. soc. 10-7-2002, BTL 2002, p.512 ; CA Montpellier 20-11-2002, BTL 2003, p.215).* A cet indice, souvent crucial, s'ajoutent toujours d'autres éléments de preuve, comme la présence d'une rémunération forfaitaire (▪ *cass. crim. 30-5-2000, BTL 2000, p.678* ▪ *cass. soc. 25-4-2001, BTL, 2001, p.358*), l'obligation d'avoir un véhicule portant la raison sociale du donneur d'ordre (▪ *CA Versailles 10-6-1999, BTL 1999, p.914*), l'organisation des tournées par celui-ci (▪ *cass. soc. 25-4-2001, BTL 2001, p.358*), la prise en charge par le donneur d'ordre de certains frais d'exploitation (▪ *cass. crim. 30-5-2000, BTL 2000, p.678*) ou de la tenue d'obligations administratives incombant en principe au transporteur (▪ *cass. crim. 5-1-1995, BTL 1995, p.284*), le fait que le prétendu transporteur n'est propriétaire ni du véhicule ni d'un entrepôt, ceux-ci étant mis à disposition par le donneur d'ordre (▪ *CA Montpellier 20-11-2002, BTL 2003, p.215*), la présence d'un contrat-cadre fixant des directives précises sur la manière d'exécuter les prestations de transport et pouvant être, de surcroît, résilié à très court terme (contrat de location de taxi requalifié en contrat de travail ▪ *cass. soc. 19-12-2000, BTL 2001, p.56 ; DO 2001, p.251 ; Bull. V, n° 437*).

En vue de clarifier la situation juridique de certains artisans chauffeurs du secteur du TRM, un décret du 19-7-2001 a présenté, en annexe, les dispositions supplétives d'un contrat-type régissant les relations entre les parties quand « *l'opérateur de transport, contractuellement chargé de l'exécution d'opérations de transport en confie de façon régulière et significative l'exécution en totalité ou en partie à une autre personne physique ou morale nécessairement transporteur public* » (art.1er). L'existence d'un vice de forme a entraîné l'annulation de ce règlement par le Conseil d'Etat (▪ *Cons. d'Et. 3-10-2003, BTL 2003, p.670*). Cependant, un nouveau décret n° 2003-1295 du 26-12-2003 (JO du 30/12) vient dorénavant combler le vide laissé par l'annulation de celui de juillet 2001. Il reprend à l'identique ce règlement.

Le respect effectif des dispositions d'un tel contrat-type ne peut qu'empêcher la requalification du contrat commercial liant un transporteur à l'artisan chauffeur assurant en sous-traitance diverses opérations de transport. Cependant, les dispositions du contrat-type ne s'appliquent pas à l'ensemble des relations commerciales susceptibles d'entraîner la subordination juridique de l'artisan chauffeur. D'une part, le contrat-type ne vise que la sous-traitance régulière de transport. Il n'est donc pas applicable au contrat de location de véhicule avec chauffeur. Le contrat-type ne s'applique pas, d'autre part, au contrat-cadre de transport qui peut être conclu entre un expéditeur quelconque et un transporteur. Le donneur d'ordre doit être effectivement un « *opérateur de transport, contractuellement chargé de l'exécution d'opération de transport* ».

§ 2. Poids lourds et véhicules légers

Afin d'assurer la sécurité routière, il existe depuis 1969 une réglementation communautaire sur les temps de conduite et de repos applicables aux chauffeurs effectuant certaines opérations de transport. Mais il s'agit également d'une réglementation agissant comme une législation sociale en ce que les usagers de la route se trouvent indirectement protégés par des règles qui viennent limiter l'intensité et la durée de l'activité professionnelle du conducteur. Les considérants introductifs du règlement communautaire n° 3820/85 du 20-12-1985 sur les temps de conduite et de repos mêlent d'ailleurs étroitement les considérations sociales et de sécurité routière, de même que le chapitre II de la LOTI, « *des conditions sociales et de la sécurité* ». Bref, en préservant la santé et la sécurité du chauffeur, on cherche à assurer celles de tous. On conçoit donc que cette réglementation ait un large champ d'application. Elle s'applique non seulement aux chauffeurs salariés et mais encore aux chauffeurs indépendants. Elle concerne aussi bien les transports publics que les transports effectués en compte propre.

Cependant, la réglementation communautaire ne s'applique qu'aux véhicules présentant potentiellement les plus grands risques pour les tiers ou les occupants, soit les plus lourds et ceux affectés aux transports en commun de voyageurs, dès lors que les opérations de transport sont susceptibles d'être longues. Aussi, le règlement communautaire n° 3820/85 du 20-12-1985 ne s'applique pas, notamment, aux transports effectués au moyen de «*véhicules affectés aux transports de marchandises et dont le poids maximal autorisé, y compris celui des remorques ou des semi-remorques, ne dépasse pas 3,5 tonnes* » (art.4.1.). Sont également soustraits à cette réglementation les « *véhicules affectés aux transports de voyageurs qui* (...) *sont aptes à transporter neuf personnes au maximum, le conducteur compris, et sont destinés à cet effet* » ni les « *véhicules affectés aux transports de voyageurs par des services réguliers dont le parcours de la ligne ne dépasse pas cinquante kilomètres* », ce qui exclut en pratique du champ de la réglementation communautaire les transports publics urbains de voyageurs (art.4.2. et 4.3.). Enfin, cette réglementation communautaire ne concerne pas non plus certains transports liés à l'entretien de réseaux (eau, gaz, électricité...), ceux permettant des envois postaux (art.4.6.)... Un décret n° 91-223 du 22-2-1991 complète la liste des transports exemptés en vertu du règlement communautaire.

Concernant les enlèvements d'immondices, il a été jugé que les dispositions du règlement n°3820/85 ne s'appliquaient pas à condition que les déchets soient acheminés à proximité de leur lieu d'enlèvement dans le cadre d'un service d'intérêt public assuré directement par les autorités publiques ou sous leur contrôle (• *CA Colmar 22-10-1992, BT 1993, p.50* • *cass. crim. 10-3-1999, Bull. crim. n° 38 {1} et {2}* • *cass. crim. 16-3-1999, Bull. crim. n° 43*), l'existence d'un lien contractuel entre les pouvoirs publics et le transporteur n'étant toutefois pas nécessaire (• *CA Pau 11-3-2000, BTL 2001, p.96*). De façon similaire, l'exemption portant sur les véhicules effectuant des opérations de porte à porte a été jugée inapplicable quand le transport s'effectue en réalité à l'aide d'un véhicule de fort tonnage et sur de longues distances (• *CA Pau 5-1-1994, BTL 1995, p.322).* Ces transports entrent en effet dans le cadre d'un « *trafic national* ». De même, lorsque le véhicule n'est pas utilisé comme boutique, c'est-à-dire n'assure pas une vente directe des produits transportés, cette exemption est inapplicable (• *cass. crim. 27-6-2000, BTL 2000, p.673).*

Aussi, bien que cette législation puisse ne pas s'appliquer à certains transports effectués au moyen de véhicules lourds, mais réalisés sur de courtes distances (lignes régulières de voyageurs longues de cinquante kilomètres au plus, véhicules dont la vitesse maximale ne dépasse pas trente kilomètres/heure...), y échappent principalement ceux qui opèrent à l'aide de véhicules légers : taxis, transporteurs, industriels et artisans utilisant des fourgonnettes... L'inapplication de la réglementation communautaire sur les temps de conduite et de repos à cette catégorie de chauffeurs est susceptible de profondément modifier leurs conditions de travail, combien même ces conducteurs bénéficient des règles protectrices de la législation du travail. En particulier, l'obligation de respecter des coupures, entre deux périodes de conduite continue (cf. *infra*, seconde Partie, Section 2), ne leur est pas applicable. Quant aux chauffeurs indépendants de véhicules légers, aucun des butoirs fixés par la loi ne vient donc limiter leur temps de travail et de conduite, au nom de la sécurité routière...

Enfin, cette distinction entre conducteurs de véhicules lourds et de véhicules légers est accentuée par certaines restrictions à la circulation des poids lourds ou des véhicules de transport en commun. De la sorte, pour des raisons de sécurité routière, et sauf exceptions (par exemple, les transports d'animaux vivants ou de denrées périssables), les véhicules de transport de marchandises de plus de 7,5 tonnes de PTAC (poids total autorisé en charge) ne peuvent pas circuler du samedi ou les veilles de jour férié, vingt-deux heures, au dimanche et jours fériés, vingt-deux heures (arr. 22-12-1994). Des restrictions complémentaires existent les jours de « grands départs » ainsi que pour les transports de matières dangereuses (arr. 10-1-1974, modifié par l'arr. 7-2-2002). Néanmoins, pour ces derniers, l'interdiction de circuler peut également concerner des véhicules légers.

§ 3. Les conducteurs internationaux

Le personnel roulant peut être appelé à voyager à l'étranger. Des conducteurs ayant leur emploi en France vont ainsi travailler par delà les frontières tandis que des chauffeurs étrangers effectuent des transports dans l'hexagone. Par ailleurs, des salariés français peuvent être détachés dans des entreprises situées à l'étranger. Le conducteur français voyageant à l'étranger doit-il respecter la loi du pays qu'il traverse momentanément ? Un chauffeur routier, en provenance de l'étranger, qui transporte une marchandise de Perpignan à Rungis est-il assujetti au droit français ?

D'abord, en marge de la législation sociale, le conducteur va devoir appliquer les règles de circulation routière des pays où il passe. L'article L.121-1 du code de la route rend d'ailleurs pénalement responsable des infractions qu'il commet, tout «*conducteur d'un véhicule* », dans la conduite de celui-ci. Parallèlement, en vertu de l'art.3 du code civil, les lois de police et de sûreté sont d'application territoriale. Les dispositions du code de la route, qui sont des lois de police, sont donc applicables à tout conducteur circulant en France, quelle que soit sa nationalité.

A mi-chemin entre les règles de sécurité routière et la législation sociale, la réglementation européenne sur les temps de conduite et de repos s'applique à l'ensemble des chauffeurs routiers effectuant les transports visés par le règlement CEE n° 3820 du 20-12-1985 à l'intérieur de la Communauté européenne. Rappelons que ces transports sont, pour l'essentiel, ceux de marchandises effectués au moyen de véhicules dont le poids maximal autorisé dépasse 3,5 tonnes et ceux de voyageurs effectués à l'aide de véhicules pouvant recevoir plus de neuf personnes (cf. *supra*, même Section, § 2).

De la sorte, les règles uniformes du règlement communautaire concernent :

- les chauffeurs français, salariés ou non, roulant à travers les pays membres de la Communauté européenne
- les chauffeurs étrangers d'origine communautaire circulant en France.

Par ailleurs, l'art.2, point 2 du règlement communautaire précise que l'accord européen relatif au travail des équipages des véhicules effectuant des transports internationaux par route (A.E.T.R.), dont les règles sont alignées sur celles dudit règlement, est applicable :

- aux transports routiers internationaux effectués à destination ou en provenance de pays tiers parties à l'accord, ou en transit par ces pays, quand le véhicule est immatriculé dans un Etat membre de la Communauté ou dans un Etat tiers signataire de l'accord A.E.T.R., pour l'ensemble du trajet
- aux transports routiers internationaux effectués à destination ou en provenance de pays tiers non signataires de l'accord, le véhicule étant immatriculé dans ces pays, dès

lors que le trajet s'effectue dans la Communauté européenne.

Il est donc possible à un chauffeur travaillant en France de n'avoir pas à respecter les dispositions du règlement communautaire ou de l'accord A.E.T.R. quand il circule à l'extérieur de la Communauté européenne, *dans un pays non-signataire de l'accord.* Mais il est impossible à un conducteur en provenance d'un pays tiers non-signataire de l'accord de ne pas respecter ces dispositions quand il entre dans un pays membre de l'Union européenne.

Cependant, ces règles en matière de temps de conduite et de repos sont, pour l'instant, les seules dispositions uniformes. Concernant la législation sociale, stricto sensu, et notamment la réglementation sur le temps de travail des conducteurs, il faut se reporter aux diverses législations nationales. La mise en œuvre de la directive communautaire n° 2002/15/CE du 11-3-2002 relative à l'aménagement du temps de travail des personnes exécutant des activités mobiles de transport routier permettra cependant une harmonisation des différentes réglementations nationales.

Quoi qu'il en soit, les distorsions de concurrence entre transporteurs, du fait de l'existence de législations sociales différentes d'un pays à l'autre, ont pris un relief particulier depuis que les règlements européens n° 3118/93 et n° 792/94 des 25-10-1993 et 8-4-1994 ont permis, dans l'espace communautaire, une totale libéralisation du cabotage dans le transport routier de marchandises.

Le cabotage est la possibilité pour un transporteur d'effectuer des transports intérieurs dans un autre pays que celui où il est établi. Aussi, non seulement les entreprises françaises effectuant un transport par route sont en concurrence avec des entreprises étrangères quand elles réalisent un transport international, mais elles le sont encore pour les transports intérieurs à la France. Au demeurant, les entreprises françaises peuvent, à l'inverse, aller concurrencer les entreprises étrangères sur leurs propres terres en effectuant des transports intérieurs à d'autres pays.

Mais le cabotage communautaire et les transports internationaux ne sont qu'une facette des activités internationales des entreprises de transport. Celles-ci peuvent, par exemple, s'établir à l'étranger, passer des accords commerciaux avec d'autres entreprises et y détacher du personnel.

Pour connaître la législation nationale du travail applicable au chauffeur routier salarié appelé à travailler à l'étranger, il est nécessaire de se référer à la convention de Rome du 19-6-1980 sur la loi applicable aux relations contractuelles. Selon ce texte, les parties au contrat de travail peuvent choisir la loi applicable (art.3). Cependant « *le choix par les parties de la loi applicable ne peut avoir pour résultat de priver le travailleur de la protection que lui assurent les dispositions impératives de la loi qui lui serait applicable, à défaut de choix* ». Or, dans le silence des parties, le contrat de travail est régi par « *la loi du pays où le travailleur, en exécution du contrat, accomplit habituellement son travail, même s'il est détaché à titre temporaire dans un autre pays* ». Cependant, si le salarié « *n'accomplit pas habituellement son travail dans un même pays* », le contrat de travail est régi « *par la loi du pays où se trouve l'établissement qui a embauché le travailleur, à moins qu'il ne résulte de l'ensemble des circonstances que le contrat de travail présente des liens plus étroits avec un autre pays…* » (art.6).

Ces dispositions conventionnelles, applicables aux pays membres de l'Union européenne, reprennent et adaptent des règles de droit international privé. D'abord, il y a la soumission des obligations contractuelles à la loi choisie par les parties. Ensuite, si le contrat n'indique pas la loi nationale applicable, un critère est souvent retenu pour déterminer ce que sera cette loi : il s'agit du lieu d'exécution du contrat.

De la sorte, il est loisible à un chauffeur routier français de conclure un contrat de travail avec une entreprise de transport située à l'étranger et d'accepter par cette convention que la loi applicable sera celle de ce pays. Cela dit, si ce conducteur travaille pour l'essentiel sur le territoire français, c'est la législation sociale de ce pays qui doit lui être appliquée : elle est en effet, en grande partie, d'ordre public tandis que le chauffeur accomplit habituellement son travail en France.

Au surplus, l'article L.341-5 C. trav. Dispose que « *lorsqu'une entreprise non établie en France effectue sur le territoire national une prestation de services, les salariés qu'elle détache temporairement pour l'accomplissement de cette prestation sont soumis aux dispositions législatives, réglementaires et conventionnelles applicables aux salariés employés par les entreprises de la même branche, établies en France, en matière de sécurité sociale (...) de rémunération, de durée du travail et de conditions de travail...* ». Seules les dispositions contractuelles plus favorables pour le travailleur que celles fixées par le droit français resteraient applicables.

Cependant, si le conducteur circule régulièrement à travers toute l'Europe, c'est la législation sociale étrangère qui semble devoir s'imposer, y compris en France, si le contrat de travail a été conclu avec une entreprise située à l'étranger. En effet, ce travailleur n'accomplit pas habituellement son travail dans un même pays. On peut cependant penser, compte tenu des stipulations finales de l'art.6 de la convention de Rome, que les dispositions impératives du pays où se situe en réalité l'établissement de rattachement du salarié doivent être de préférence mobilisées à celle du lieu de conclusion du contrat de travail quand les véhicules utilisés sont immatriculés dans ce pays et opèrent à partir d'une base située dans ce même pays.

Mais faut-il toujours appliquer une réglementation étrangère lorsque le chauffeur salarié effectue une opération de cabotage ? Il en est certainement ainsi lorsque le chauffeur effectue de *façon accessoire* une telle opération en France. Il y a certes une prestation de services située en territoire français, ainsi que le prévoit l'article L.341-5 C. trav. Mais l'idée de détachement suppose que cette prestation soit le motif principal de la venue du conducteur. Il faut en effet une mise à disposition du salarié dans le cadre, notamment, d'un contrat d'entreprise, ce qu'est au demeurant le contrat de transport (cf. D.341-5 C. trav.). Une opération de cabotage effectuée accessoirement à un autre transport ne permet donc pas la mise en œuvre des dispositions de l'article L.341-5 C. trav. L'idée d'un détachement temporaire est cependant envisageable, rendant applicable l'article L.341-5 C. trav., si le camion passe à vide la frontière française pour effectuer un transport en lot complet entre deux localités françaises.

On perçoit néanmoins que les situations risquent d'être inextricables et le contrôle de la bonne application du droit rendu très difficile à l'administration. Cette dernière a justement précisé à ses fonctionnaires la manière dont il convenait d'appliquer la loi. Une circulaire administrative du 24-11-1999 (*BTL*, 1999, p.899) indique que « *les conditions d'emploi de conducteur sont régulièrement celles du pays d'origine si le transport est effectivement un transport de cabotage, c'est-à-dire sans que le transporteur étranger dispose sur le territoire français d'établissement ou de succursale* ». Il n'y aurait application du droit français que lorsque l'entreprise étrangère possède une « *implantation* » en France (par exemple, un bureau de ville) qui puisse être considérée « *comme l'établissement d'attache du conducteur* », combien même les véhicules utilisés seraient immatriculés à l'étranger.

La circulaire précise également que « *les conducteurs originaires de pays tiers à l'Union européenne employés dans des Etats membres de l'Union européenne doivent y être employés dans les conditions prévues dans ces derniers Etats* ». Ainsi, un chauffeur russe effectuant du cabotage en France, dans les conditions indiquées par la circulaire, devrait suivre la législation sociale allemande lorsqu'il est prouvé que son établissement d'attache se trouve en Allemagne, même si le véhicule est immatriculé en Russie.

Cette interprétation administrative se trouve aujourd'hui confortée par le règlement communautaire n° 484/2002 du 1-3-2002 qui décide que « *les transports internationaux sont exécutés sous le couvert d'une licence communautaire, combinée avec une attestation de conducteur dans le cas où le conducteur est ressortissant d'un pays tiers* ». Cette attestation certifie que le chauffeur est employé ou est mis légalement à disposition de l'employeur dans le respect des conditions d'emploi et de formation professionnelle du pays d'établissement du transporteur. En outre, le justificatif de la relation d'emploi imposé à tous les transports routiers de marchandises par l'article 12 du décret n° 99-752 du 30-8-1999 (JO du 2/9/1999) devrait également faciliter le contrôle de l'administration française.

§ 4. Salariés du privé et salariés du public

Le droit du travail est applicable aux relations entre employeurs et salariés fondées sur un contrat de travail. Les activités de transport routier assurées par des entreprises du secteur privé sont de la sorte concernées : entreprises privées de transport public (TRM, autocaristes…) et entreprises privées de tout secteur d'activité effectuant des transports pour compte propre (transport de marchandises, entreprise effectuant elle-même le ramassage de son personnel...). A l'inverse, la législation sociale peut ne pas être applicable au conducteur employé dans le secteur public. Il faut cependant distinguer différents cas d'espèce.

Ainsi, les conducteurs de bus ou de car, salariés d'entreprises privées assurant un service public (Connex, Kéolis...), bénéficient des dispositions du code du travail. Il en est de même pour ceux qui travaillent dans le cadre d'une régie municipale, bien que leur employeur soit une collectivité publique. La raison en est que les transports en commun de voyageurs sont un « *service à caractère industriel et commercial* » (• *Cons. d'Et. 26-1-1923 Rec. CE, p.67 ; R. D. publ., 1923, p.237*). D'ailleurs, le travailleur, *fonctionnaire*, qui est en position de détachement dans un tel service est normalement rattaché à celui-ci par des liens de droit privé. Enfin, le droit du travail est applicable aux salariés des « *établissements publics industriels et commerciaux* » (E.P.I.C.), nonobstant les règles statutaires dont ils bénéficient également (cf. notamment l'article L.134-1 C. trav, en matière de conventions collectives). C'est en effet un contrat de travail qui fonde la relation entre l'E.P.I.C. et le travailleur. Les conducteurs de bus de la R.A.T.P. et les conducteurs routiers, salariés de l'*entreprise* S.N.C.F., sont dans cette situation hybride. Par contre, les chauffeurs routiers travaillant dans les entreprises du groupe S.N.C.F. (Géodis...) sont évidemment des salariés du secteur privé.

Mais les relations du travail, dans les services à caractère administratif du secteur public, échappent à l'application du droit du travail quand les droits et les obligations du travailleur subordonné sont fixés unilatéralement par la collectivité publique. C'est le cas des fonctionnaires de l'Etat, des collectivités territoriales (communes, départements, régions) ou du secteur public hospitalier, qui relèvent des fonctions publiques afférentes. L'agent est alors dans une situation statutaire et non pas contractuelle. Il n'est pas, à proprement parlé, un salarié rémunéré en contrepartie d'un travail.

Fonctionnaire, le conducteur routier ne connaît donc pas l'application du droit de travail ni, a fortiori, la réglementation spécifique sur la durée du travail applicable aux entreprises du secteur des transports routiers, en vertu du décret n° 83-40 du 26-

1-1983. Il en est ainsi des militaires, des pompiers des services départementaux d'incendie, des ambulanciers relevant de la fonction publique hospitalière, qui sont appelés à conduire des véhicules dans l'exercice de leurs fonctions.

Il se peut néanmoins qu'un agent de l'administration ne soit pas titularisé ou qu'il soit dans une situation contractuelle. Pourtant, ce salarié ne bénéficie pas, pour l'essentiel, des dispositions du code du travail. Il est aujourd'hui un agent public, quelle que soit sa fonction (• *Tr. Conflits 25-3-1996, JCP, éd. G II, 22664*). A l'époque même où il était nécessaire de faire la distinction entre les fonctions participant directement de l'exécution d'un service public et celles qui n'y participaient pas, il avait été jugé qu'un ambulancier travaillant, sur la base d'un contrat, pour un hôpital public, était un agent public de l'administration hospitalière (• *Tr. Conflits, « Com. Rép. Calvados, Rédet c/ hôpital d'Honfleur », req. n° 2330, juris-data n° 040604).*

Il faut cependant noter que l'administration peut devoir appliquer le règlement communautaire n° 3820/85 du 20-12-1985 sur les temps de conduite et de repos. En effet, le règlement n° 3820/85 vise tous les transports par route (art. 2.1.). Toutefois, une telle situation semble être marginale. En effet, ce règlement exempte un certain nombre de véhicules de l'application des règles qu'il pose (art. 4), dont certains sont ceux de l'administration : véhicules affectés aux services des forces armées, de la protection civile, des pompiers et des forces responsables du maintien de l'ordre public, ou placés sous le contrôle de ceux-ci ; véhicules utilisés dans des états d'urgence ou affectés à des missions de sauvetage ; véhicules spécialisés affectés à des tâches médicales...

Au surplus, le décret n° 91-223 du 22-2-1991 pris en application de l'article 13 du règlement n° 3820/85 dispense des articles 6, 7 et 8 dudit règlement « *les véhicules utilisés par les autorités publiques pour des services publics qui ne concurrencent pas les transporteurs professionnels* », quand il s'agit de trafics nationaux. En l'occurrence, les règles en matière de temps de conduite maximale, celles relatives aux coupures de conduite et aux repos ne trouvent ainsi pas d'application tandis que le même décret dispense également ces véhicules d'être équipés d'un chronotachygraphe.

Par ailleurs, les conducteurs relevant de la fonction publique sont parfois pris en compte par la législation, en relation avec leur fonction. C'est ainsi qu'un décret n° 88-555 du 6-5-1988 (modifié) porte statut particulier du cadre d'emploi des conducteurs territoriaux de véhicules. De même, les conducteurs relevant de la fonction publique peuvent bénéficier des Indemnités Horaires pour Travaux Supplémentaires (I.H.T.S.), en vertu du décret n° 91-875 du 6-9-1991.

Enfin, pour une même fonction, certains conducteurs peuvent relever du droit public ou du droit privé.

- Ainsi, le personnel ambulancier des Services Mobiles d'Urgence et de Réanimation (S.M.U.R.) peut indifféremment être un fonctionnaire de la fonction publique hospitalière ou un salarié du secteur privé. L'article D.712-73 C. santé publ. Dispose effectivement que «*pour être autorisé à faire fonctionner un Service mobile d'Urgence et de Réanimation, un établissement de santé doit disposer des véhicules nécessaires* (...) *ainsi que des personnels nécessaires à l'utilisation de ces véhicules...*». Mais « *Les véhicules et les personnels mentionnés* (...) *peuvent être mis à la disposition de l'établissement considéré dans le cadre de conventions conclues avec des organismes publics ou privés* ».
- Les agents de la Poste sont normalement des fonctionnaires (loi du 2-7-1990, art.29). Cependant, de nombreux contractuels y travaillent aujourd'hui. De plus, le transport des colis et du courrier est confié en partie à des entreprises sous-traitantes du secteur privé.

§ 5. Les salariés du secteur des transports routiers

Combien même le chauffeur routier est-il salarié, la législation sociale qui lui est applicable n'est pas uniformément la même, quelle que soit sa situation. En effet, spécialement en matière de durée et d'aménagement du temps de travail, les conducteurs employés par des entreprises du secteur des transports routiers sont soumis à des règles particulières.

Par contre, les chauffeurs routiers employés par les entreprises d'autres secteurs d'activités (métallurgie, secteur de la grande distribution, secteur agricole, ambulanciers directement employés par le secteur privé hospitalier...) sont intégralement soumis au droit commun du travail. En principe, il s'agit alors de transports que ces entreprises effectuent pour leur propre compte. Mais le droit commun du travail peut exceptionnellement trouver à s'appliquer lorsque l'entreprise effectue un transport pour autrui, comme le prouve l'éventualité du transport de corps effectué par une entreprise de pompe funèbre. Dans ce cas, en effet, le régime juridique spécifique au secteur des pompes funèbres prévaut sur les conséquences juridiques habituelles de la distinction entre transport pour compte d'autrui et transport pour compte propre.

L'article L.212-1 C. trav. Fixe la durée légale du travail effectif des salariés à trente-cinq heures par semaine et dispose que la durée quotidienne du travail ne peut excéder dix heures. Cependant, l'article L.212-2 C. trav. Précise que « *des décrets en conseil des ministres déterminent les modalités d'application de l'article L.212-1 pour l'ensemble des branches d'activité ou des professions ou pour une branche ou une profession particulière* ». C'est en vertu de cette disposition (ord. N° 82-41 du 16-1-1982) qu'un décret n° 83-40 du 26-1-1983 relatif à la durée du travail dans les entreprises de transport routier, ainsi qu'un récent décret n° 2003-1242 du 22-12-2003 (JO du 24/12) applicable aux seules entreprises de transport routier de personnes établissent un certain nombre de règles spécifiques applicables aux salariés sédentaires et au personnel roulant des établissements et professions.

Les dispositions du décret du 22-12-2003 abrogent les dispositions du décret du 26-1-1983 en tant qu'elles s'appliquent au personnel des entreprises de transport routier de personnes. L'entrée en vigueur de ces nouvelles dispositions réglementaires sont conditionnées à la publication au journal officiel de l'arrêté d'extension de l'accord du 18-4-2002 (art.15 du décret de 2003). Cet arrêté d'extension devrait être pris durant l'année 2004.

Les décrets du 26-1-1983 et du 22-12-2003 sont applicables aux entreprises qui ressortissent aux classes désignées par ces textes :

-60.2 A- Transports urbains de voyageurs (uniquement pour ce qui concerne le transport scolaire ou de personnel, ainsi que les navettes ville-aéroport)

-60.2 B- Transports routiers réguliers de voyageurs

-60.2 E- Transports de voyageurs par taxis (à l'exception de la location de voitures avec chauffeur)

-60.2 G- Autres transports routiers de voyageurs

-60.2 L- Transports routiers de marchandises de proximité

-60.2 M- Transports routiers de marchandises interurbains

-60.2 N- Déménagement

-60.2 P- Location de camion avec conducteur

-63-2 A- Gestion d'infrastructures de transports terrestres (uniquement pour les gares routières)

-63.4 A- Messagerie, fret express

-63.4 B- Affrètement

-63.4 C- Organisation des transports internationaux

-64.1 C- Autre activité de courrier

-71.2 A- Location d'autres matériels de transport terrestre (uniquement location de véhicules industriels sans conducteur)

-74.6 Z- Enquêtes et sécurité (uniquement pour les services de transport de fonds exercés à titre principal)

-85.1 J- Ambulances.

Les décrets du 26-1-1983 (communément dénommé « *décret Fiterman* ») et du 22-12-2003 s'appliquent donc à un large éventail d'entreprises du secteur des transports routiers, pourvu que des salariés y soient employés. Il peut s'agir d'entreprises de transport de voyageurs (taxis, ambulances, autocaristes…) en ce qui concerne le décret de 2003 et d'entreprises de transport de marchandises (transports de lots, de messageries…). Il peut s'agir d'entreprises qui ne sont pas précisément des entreprises de transport, puisqu'elles ne s'engagent pas principalement à assurer un transport. Elles proposent également à leurs clients d'autres services (entreprises de déménagement) ou organisent un transport qu'elles feront faire par d'autres (affrètement…). Lorsque ces entreprises ont recours aux salariés d'entreprises de travail temporaire, les dispositions du décret s'appliquent à ces salariés (L.124-4-6 C. trav.).

Des entreprises effectuant leur transport en compte propre peuvent même, *indirectement*, être concernées. En effet, le décret de 1983 vise notamment les entreprises de location de camions avec conducteur. Les chauffeurs de ces entreprises, mis à la disposition de clients afin de conduire les véhicules loués, sont donc concernés par les dispositions du décret. En accord avec le loueur, l'entreprise utilisatrice pourra donc mobiliser le personnel roulant mis à disposition dans les mêmes conditions qu'une entreprise effectuant du transport pour compte d'autrui.

Il faut cependant considérer que l'application des décrets du 26-1-1983 et du 22-12-2003 n'entraînent pas la mise en œuvre de règles identiques pour l'ensemble des salariés des entreprises des secteurs d'activité qu'ils visent. Si certaines règles sont d'application générale (sédentaires et personnel roulant), d'autres ne s'appliquent qu'aux sédentaires, tandis que la plupart des règles concernent le seul personnel roulant. Dans cette dernière catégorie, il faut distinguer entre ceux travaillant dans le transport public de voyageurs (décret du 22-12-2003) et ceux œuvrant dans le secteur du transport de marchandises (décret modifié du 26-1-2003). De plus, au sein même de ce secteur, il est nécessaire de différencier les conducteurs « *longue distance* » de ceux qui ne le sont pas.

Les personnels roulants marchandises « *grands routiers* » ou « *longue distance* » sont ceux affectés « *à des services leur faisant obligation de prendre au moins six repos journaliers par mois hors du domicile et les personnels roulants affectés, dans les entreprises de déménagement, à des services leur faisant obligation de prendre au moins quarante repos journaliers par an hors du domicile* » (art.5.2. du décret de 1983).

De même, sont placés à part, depuis le décret modificatif n° 2002-622 du 25-4-2002 (JO du 28/4/2002), le personnel roulant des secteurs de la messagerie et du transport de fonds.

Enfin, le décret du 26-1-1983 doit parfois être complété par d'autres réglementations particulières, comme le décret n° 2001-679 du 30-7-2001 (JO du 31/7/2001) relatif à la durée du travail dans les entreprises de transport sanitaire (ambulances).

Par contre, certaines entreprises de transport routier ne sont pas concernées par les décrets du 26-1-1983 (cf. également la circ. n° 83-45 du 18-7-1983) et du 22-12-2003. A ce titre, la principale exception est certainement les entreprises de transport public urbain de voyageurs. En effet, seuls certains services spécialisés qu'elles peuvent, le cas échéant, assurer de façon autonome, sont visés par ces décrets : il s'agit des transports scolaires ou de personnel et des navettes ville-aéroport (cf. *supra*).

Les transports publics urbains de voyageurs sont en principe soumis, en matière de durée du travail, à une autre réglementation spécifique, en vertu de la loi du 3-10-1940 (JO du 4/10/1940) relative au régime du travail des agents de chemin de fer de la Société nationale des chemins de fer français. L'article 2 de cette loi dispose que le régime de travail des chemins de fer d'intérêt local sera fixé par arrêté. Cette disposition concerne les entreprises de « *tramways* » et plus généralement les entreprises de transport public urbain de voyageurs. En application de cette loi, un arrêté du 12-11-1942 a longtemps fixé la réglementation du travail dans ce secteur. Cet arrêté a été abrogé et remplacé par les dispositions du décret n° 2000-118 du 14-2-2000 relatif à la durée du travail dans les entreprises de transport public urbain de voyageurs (JO du 15/2/2000).

Ce décret est applicable aux salariés des entreprises qui ressortissent de la classe 60.2 A des nomenclatures d'activité et de produits approuvées par le décret du 12-10-1992, « *uniquement pour ce qui concerne le transport urbain ou suburbain de voyageurs, sur des lignes et selon des horaires déterminés, même à caractère saisonnier, par tout moyen, et à l'exclusion des personnels de la Société nationale des chemins de fer français, des salariés des entreprises relevant de la convention collective nationale des chemins de fer secondaires d'intérêt général et des voies ferrées d'intérêt local, et des personnels de la Régie autonome des transports parisiens* » (art.1er).

Parallèlement à ces dispositions de nature réglementaire, existent des dispositions conventionnelles.

La convention collective nationale des transports routiers et activités auxiliaires du transport du 21-12-1950 (étendue par arrêté du 1-2-1955), à laquelle s'ajoutent de nombreux accords, protocoles ou avenants : par exemple, le protocole du 30-4-1974 relatif aux frais de déplacement des ouvriers, l'accord du 23-11-1994 sur le temps de service des personnels de conduite marchandises « *grands routiers* » (dont nombre de dispositions sont aujourd'hui reprises par la loi), l'accord-cadre du 4-5-2000 sur l'aménagement et la réduction du temps de travail des personnels des entreprises de transport sanitaire, l'accord du 3-6-1997 et celui du 23-8-2000 applicable aux entreprises du déménagement, l'accord du 18-4-2002 applicable aux entreprises de transport interurbain de voyageurs... Il est à noter que l'art.1er de la convention collective nationale des transports routiers définit un champ d'application proche de celui des décrets du 26-1-1983 et du 22-12-2003 relatifs à la durée du travail dans les entreprises de transport routier. L'activité de taxi en est pourtant exclue, alors que le secteur ne bénéficie pas d'une convention collective nationale.

La convention collective nationale des transports de fonds et de valeurs du 5-3-1991 (étendue par arrêté du 27-6-1991), ainsi que les accords du 23-6-1997 relatifs au congé de fin d'activité, du 23-7-1999 sur l'aménagement du temps de travail et du 10-7-2002 relatif au travail de nuit dans ce même secteur d'activité.

La convention collective nationale des réseaux de transport public urbain de voyageurs du 11-4-1986. Dans le même secteur d'activité, a été conclu l'accord-cadre sur l'emploi par l'organisation, l'aménagement et la réduction du temps de travail du 22-12-1998 (étendu par arrêté du 21-7-2000) mais dont la mise en œuvre se trouve contrariée par l'annulation partielle du décret du 14-2-2000, en ce qu'il prévoit des conventions collectives dérogatoires à la loi (▪ *Cons. d'Et. 27-7-2001, BTL 2001, p.798).* L'accord de 1998 soumettait en effet l'essentiel de sa mise en œuvre à l'existence de dispositions réglementaires prévoyant de telles conventions (art.45 de l'accord). Par ailleurs, un accord de branche du 11-6-2002, renforçant une précédente convention de 1995, permet une meilleure prise en charge matérielle et psychologique des employés des transports urbains en cas d'agression au cours de leur service. Soulignons enfin qu'il a été jugé qu'en l'absence d'un périmètre urbain tel que défini par la LOTI, l'activité d'une société de transport utilisant sur ses lignes des « *autobus* » pour assurer un service régulier de transport « *interurbain* » relevait de la convention collective des transports routiers et non de celle des transports urbains (• *cass. soc. 9-4-1996, Bull. V, n° 147).*

La convention collective nationale des voies ferrées d'intérêt local du 26-1-1974 (étendue par arrêté du 23-6-1975) peut également être applicable, notamment lorsque des services par route ont été substitués à des transports ferroviaires, pour les réseaux ferrés secondaires ou d'intérêt local.

Quant aux chauffeurs routiers employés dans les entreprises effectuant en compte propre des transports, ils bénéficient des conventions collectives de la branche d'activité dans laquelle ils travaillent. Ces conventions prévoient parfois des dispositions propres aux chauffeurs, comme la prise en compte dans la durée du travail du temps passé aux visites médicales imposées par le code de la route à certains chauffeurs (R.221-10 et s. C. route).

Section 2. Les règles particulières applicables au secteur d'activité des transports par route

Il n'existe pas un code du travail propre au personnel roulant routier, comme il existe notamment un code du travail maritime applicable aux marins. Le droit commun du travail est donc pour l'essentiel applicable aux chauffeurs travaillant dans les entreprises de transport routier. Il existe cependant un réel particularisme en matière de durée du travail. Les entreprises du secteur ont donc, de longue date, obtenu des pouvoirs publics la mise en place d'une réglementation particulière, tant il est préjudiciable de suspendre durablement cette activité ou d'interrompre brutalement un transport en cours de réalisation.

Mais la disponibilité exigée du personnel roulant du secteur des transports ne pouvait rester sans répercussion sur la rémunération du travail ou l'indemnisation des contraintes liées à une tâche itinérante. Les conducteurs routiers connaissent souvent des horaires de travail difficiles et irréguliers. De plus, un chauffeur en déplacement pour son employeur peut être ou ne pas être au travail. Mais, outre le fait qu'il devient plus difficile de contrôler la durée du travail afin de la rémunérer, il reste qu'un conducteur qui se déplace effectue une mission pour son employeur, qu'il conduise ou reste inactif dans sa cabine, et même lorsqu'il se repose ou se restaure. Des dispositions, souvent de nature conventionnelle, viennent donc fixer des contreparties aux contraintes du métier ou indemniser le chauffeur des frais qu'il a dû engager en cours de route.

§ 1. La durée du travail

La durée du travail est attestée à partir des documents de contrôle prévus à la réglementation européenne sur les temps de conduite et de repos, lorsque l'opération de transport est assujettie à cette réglementation. Ces documents sont les disques du chronotachygraphe, quand le véhicule doit être équipé de cet appareil de contrôle. L'employeur doit alors également procéder à une récapitulation journalière, hebdomadaire et mensuelle du temps de travail, en distinguant les temps de conduite des autres périodes, dans le secteur des transports publics de marchandises (art.10.2. du décret du 26-1-1983) ou celui des transports routiers de personnes (art.10.II du décret du 22-12-2003).

De plus, l'arrêté du 6-1-1993 impose normalement l'existence d'un « *ordre de mission* » quand le salarié, travaillant pour une entreprise du secteur public des transports, conduit un véhicule assujetti à la réglementation communautaire sur les temps de conduite et de repos. Certaines opérations de transport à courte et moyenne distances échappent cependant à cette obligation (transports de marchandises ayant lieu dans un rayon de moins de cent cinquante kilomètres avec retour quotidien à l'établissement ; services réguliers de voyageurs inscrits au plan départemental ou régional de transport).

Mais les documents de contrôle peuvent encore être « *l'horaire de service* » lorsque le salarié est à horaire fixe avec retour quotidien ou le « *livret individuel de contrôle* », dans les autres cas, et dès lors que le transport n'est pas assujetti à la réglementation communautaire sur les temps de conduite et de repos (art.10.2. du décret du 26-1-1983, art.10.III du décret du 22-12-2003 ; cf. également l'arr. du 20-7-1998 pour le transport de marchandises et l'arr. du 11-2-1971 pour le transport de voyageurs). Toutefois, ces dispositions ne sont obligatoires que pour les transports publics de marchandises et de voyageurs soumis aux décrets de 1983 et de 2003, ces obligations étant fixées aux articles 10 desdits décrets.

Nonobstant les disques du chronotachygraphe, aucun des documents spécifiques au secteur des transports routiers n'existe, permettant le contrôle de la durée du travail des conducteurs, quand il y a un transport en compte propre.

L'employeur d'un conducteur, dans la mesure où le code du travail lui est applicable, est pénalement responsable des manquements aux obligations inscrites au code, dès lors qu'une incrimination y est prévue. Pareillement, lorsque des dispositions particulières ont été prises à destination des chauffeurs, une sanction pénale n'est possible en cas d'infraction que lorsqu'un texte l'indique. De ce point de vue, il est notable que la réglementation applicable au secteur du transport public urbain de voyageurs ne comporte aucune disposition pénale, ce qui peut s'expliquer par les particularités de ce secteur d'activité où chaque entreprise se trouve étroitement liée à une collectivité locale afin d'assurer un service public de transport. La loi du 3-10-1940 soustrait ainsi ce secteur aux règles du code du travail en matière de temps de travail. Parallèlement, le décret n° 2000-118 du 14-2-2000 ne comporte pas de disposition pénale.

A l'inverse, les dispositions applicables au secteur du transport public de marchandises et au secteur du transport interurbain de voyageurs font globalement l'objet d'incriminations en cas de non respect. Les infractions commises par les employeurs aux dispositions particulières du décret du 26-1-1983 sont de la sorte passibles des amendes prévues pour les contraventions des 4ème ou 5ème classe (art.11). Les infractions commises aux dispositions du décret du 22-12-2003 sont passibles des amendes prévues pour les contraventions de 4ème classe (art.14).

Cependant, les dispositions les plus originales se trouvent au code de la route, le respect des conditions de travail des chauffeurs devenant dès lors une question de sécurité routière. Le code de la route sanctionne ainsi certaines infractions aux dispositions du décret du 26-1-1983, de même qu'il sanctionne pénalement le non-respect des dispositions de l'article L.212-7 C. trav. relatives à la durée hebdomadaire du travail.

L'article R.121-2 C. route dispose que « *le fait, pour tout employeur auquel s'applique la réglementation relative au transport routier de personnes ou marchandises, de donner, directement ou indirectement, à un de ses salariés chargés de la conduite (...) des instructions incompatibles avec le respect des dispositions (...) de l'article 7 du décret n° 83-40 du 26 janvier 1983 relatif à la durée quotidienne du travail dans les entreprises de transport routier (...) est puni de l'amende prévue pour les contraventions de la cinquième classe* ». Notons que cette disposition est susceptible de s'appliquer à d'autres employeurs que les transporteurs routiers (par exemple, les loueurs de véhicule avec chauffeur).

De plus, le législateur a pris en compte, certes de façon très limitée, le fait que le chauffeur puisse recevoir des consignes d'autres commettants que l'employeur. En effet, peut être puni de la même amende « *tout expéditeur, commissionnaire, affréteur, mandataire, destinataire ou tout autre donneur d'ordre* », dès lors qu'il donne, « *en connaissance de cause* », aux chauffeurs salariés des « *transporteurs routiers de marchandises* » des instructions incompatibles avec les douze heures de travail quotidien pouvant être exigées ponctuellement du personnel roulant (cf. R.121-5-2° C. route et art.7 § 2 du décret du 26-1-1983).

A. La notion de temps de travail effectif

La notion de temps de travail effectif est similaire, dans le secteur des transports, à celle définie au code du travail. La LOTI avance certes une définition moins rigoureuse du temps de travail effectif que celle de l'article L.212-4 C. trav. L'art. 11 de la loi d'orientation des transports intérieurs dispose que « *le temps de travail des agents salariés chargés de la conduite ou du pilotage et des personnels qui leur sont assimilés comprend le temps consacré à la conduite ainsi que, dans les conditions fixées par décret, le temps pendant lequel ils sont à la disposition de l'employeur* ». Mais le décret n°83-40 du 26-1-1983 relatif à la durée du travail dans les entreprises de transport routier reprend, à son article 5.1., les termes de l'article L.212-4 C. trav. : « *la durée du travail effectif est le temps pendant lequel le salarié est à la disposition de l'employeur et doit se conformer à ses directives sans pouvoir vaquer librement à des occupations personnelles* ».

Toutefois, l'article 11 de la LOTI semble directement applicable aux secteurs du transport routier qui ne sont pas visés par le décret de 1983. C'est notamment le cas des transports publics urbains de voyageurs dont le décret n°2000-118 du 14-2-2000 relatif à la durée du travail dans les entreprises de transport public urbain de voyageurs ne précise pas ce qu'est la durée du travail effectif, mais vise, dans ses considérants introductifs, l'article 11 de la LOTI.

Cependant, le calcul de la durée du travail se présente de façon particulière. Cette spécificité est due à l'importance de la notion d'amplitude de journée de travail, c'est-à-dire «*l'intervalle existant entre deux repos journaliers successifs ou entre un repos hebdomadaire et le repos journalier immédiatement précédent ou suivant* » (art.6, décret n° 83-40 du 26-1-1983 ; art.7, décret du 22-12-2003 applicable au transport routier de personnes ; art.2, décret n° 2001-679 du 30-7-2001 relatif à la durée du travail dans les entreprises de transport sanitaire) . En effet, selon les articles 5.1. du décret de 1983 et 2.I. du décret de 2003, la durée du travail effectif « *est égale à l'amplitude de la journée de travail (...) diminuée de la durée totale des coupures et du temps consacré aux repas, à l'habillage et au casse-croûte* ».

La notion d'amplitude journalière de travail est de même centrale dans le transport public urbain de voyageurs, l'article 7 du décret n° 2000-118 du 14-2-2000 définissant celle-ci comme « *la durée qui s'écoule, au sein d'une même période de vingt-quatre heures consécutives, entre le début de service de la première vacation d'un salarié et la fin de service de sa dernière vacation* ».

Cette particularité (l'idée d'amplitude de travail sur la journée n'est abordée qu'indirectement par le code du travail au travers d'un droit au repos quotidien. Cf. l'art. L.220-1 C. trav.) est due au fait que la journée de travail des chauffeurs routiers connaît de nombreuses périodes de latence et se déroule souvent en horaires décalés (par exemple, le ramassage scolaire s'effectue en début de matinée puis en fin d'après-midi). Cette journée de travail peut donc être particulièrement longue tandis que les pauses qui la ponctuent peuvent être perçues par les conducteurs comme du temps travaillé lorsqu'elles se déroulent au cours d'un déplacement.

Les articles 5.1. du décret de1983 et 2.I. du décret de 2003 précisent d'ailleurs que :

- le temps réservé à la restauration et aux coupures doit être considéré comme temps de travail lorsque le travailleur reste à disposition de l'employeur sans pouvoir vaquer à des occupations personnelles (ex. ▪ *cass. soc. 12-7-2000, DO 2001, p.83).*

- les modalités selon lesquelles les temps de coupure et les temps de restauration sont considérés comme du temps de travail effectif peuvent être déterminées, pour chaque secteur d'activité, par accord collectif de branche ou, pour l'entreprise ou l'établissement, par accord d'entreprise ou d'établissement.

De la sorte, entrent dans le temps de travail les périodes où le conducteur agit, *sur les consignes de l'employeur* : périodes de conduite, de manutention, prise en charge de voyageurs… Il est également nécessaire d'y inclure le temps passé à rejoindre un véhicule stationné hors de l'établissement (ainsi, du domicile du chauffeur au lieu où se trouve le véhicule), dans la mesure où le chauffeur agit sur ordre de son employeur. Au surplus, un arrêt de la cour de justice des Communautés européennes a de la sorte jugé qu'un tel trajet devait être considéré comme un temps de travail, au sens de l'article 15 du règlement 3821/85 du 20-12-1985 et ne devait pas être considéré comme un temps de repos, au sens de l'article 1er, point 5. Du règlement 3820/85 du 20-12-1985 (▪ *CJCE, 18-1-2001, BTL 2001, p.74*). Ces temps de trajet ne peuvent donc pas être pris sur les temps de repos fixés à la réglementation européenne.

Entrent encore dans la durée effective du travail les périodes d'attente (à un quai de déchargement, pour la prise en charge d'un malade faisant l'objet d'une consultation hospitalière…), quand le conducteur reste à disposition de l'employeur et ne peut vaquer à des occupations personnelles. De même, sont un temps de travail effectif les périodes durant lesquelles le personnel roulant circule, quand bien même il ne conduit pas et reste inactif. L'article 5.8. du décret de 1983 dispose au demeurant que le temps non consacré à la conduite doit être compté comme travail effectif, pendant la marche du véhicule, dans le cadre d'un double équipage. Néanmoins, cette période n'est prise en compte que pour 50 % de sa durée en vertu de l'article 11.II. du décret du 22-12-2003 applicable aux entreprises routières de transport de personnes

Enfin, le décret n° 2000-118 du 14-2-2000 relatif à la durée du travail dans les entreprises de transport public urbain de voyageurs fixe que les « *coupures* » (en l'occurrence, toute période comprise dans l'amplitude de la journée de travail du salarié pendant laquelle il n'est plus à la disposition de l'employeur et peut vaquer à des occupations personnelles) inférieures ou égales à trente minutes sont comptées dans la durée du travail (art.10.1.).

Certaines dispositions conventionnelles sont aussi susceptibles de modifier le champ du temps de travail effectif. Dans le secteur du transport sanitaire, les ambulanciers sont tenus d'assurer des « *permanences* » de nuit ou lors des week-end, sur le lieu de travail ou à domicile. Ces astreintes n'étaient pas considérées comme un temps de travail effectif, à moins que le salarié n'intervienne effectivement (ancien art. 22 bis de l'annexe 1 de la convention collective nationale des transports routiers, partiellement abrogé par l'art. 17 de l'accord du 4-5-2000). Mais outre certaines évolutions législatives (art. L.212-4 bis C. trav.) et jurisprudentielles (▪ *cass. soc. 4-5-1999, Bull. V, n°187*, concernant un chauffeur ambulancier) empêchant de considérer les permanences sur le lieu de travail comme de simples astreintes, il faut considérer que l'accord du 4-5-2000 sur l'aménagement et la réduction du temps de travail des personnes des entreprises de transport sanitaire stipule, à son article 2.a, que les « *services de permanence constituent un temps de travail effectif* ». Or, ces services de permanences peuvent avoir lieu au domicile du travailleur, puisque l'article 4 du même accord indique que ces services ont lieu sur le lieu de travail ou « *tout autre endroit fixé par l'employeur* ».

Par contre, n'intègrent normalement pas la durée effective du travail les « *interruptions de conduite* », autrement dit les « *coupures* », fixées par la réglementation européenne sur les temps de conduite et de repos, à moins qu'elles ne correspondent à une période d'attente durant laquelle le conducteur reste à disposition de son employeur.

Mais la nature juridique des interruptions de conduite, de même que les temps d'attente, semble incertaine.

- D'une part, la récente définition légale du temps de travail effectif (loi du 13-6-1998, art. L.212-4 C. trav. ; décret du 27-

1-2000, modifiant celui du 26-1-1983) donne une part prépondérante au fait que le travailleur soit à la simple disposition de l'employeur sans pouvoir vaquer à ses occupations personnelles. Il en résulte que les interruptions de conduite et les périodes d'attente, qui sont une obligation pour le chauffeur et s'effectuent hors de leur domicile, peuvent être légitimement envisagées comme une période de travail effectif.

- D'autre part, ces mêmes périodes d'attente et d'interruption de conduite peuvent également n'être pas considérées comme du temps de travail effectif, quand le chauffeur, connaissant la durée de celle-ci, obtient de l'employeur le droit de vaquer à ses occupations personnelles, ce qui semble impliquer qu'il puisse s'éloigner, de fait comme en droit, du lieu où il se trouve stationné.

Soulignons enfin que la réglementation prend souvent en compte les périodes d'inaction dans le travail pour instituer des heures d'équivalence ou des mécanismes de décompte du temps de travail qui leur sont assimilables. Il serait donc justifié que les temps d'attente et les périodes d'interruption de conduite soient dès lors inclus dans la durée effective du travail.

B. La limitation du temps de travail

On distinguera classiquement les règles relatives à la durée normale du travail et celles qui fixent la durée maximale du travail. On précisera enfin les dispositions relatives aux repos.

1. La durée légale du travail

La durée légale du travail fixe une norme de référence. Elle indique la durée normale du travail, celle au delà de laquelle commence l'exception : les heures supplémentaires. La durée légale hebdomadaire du travail énoncée à l'article L.212-1 C. trav. (trente-cinq heures par semaine) est en principe applicable au secteur des transports routiers. L'article 10 de la LOTI, tout comme l'article 2 du décret du 26-1-1983 ainsi que plusieurs dispositions du décret du 22-12-2003 font référence aux règles du droit commun du travail. Par ailleurs, l'article 2 du décret n° 2000-

118 du 14-2-2000 relatif à la durée du travail dans les entreprises de transport public urbain de voyageurs fixe également la durée hebdomadaire du travail à trente-cinq heures.

Cependant, deux mécanismes sont susceptibles de faire évoluer cette règle. D'une part, l'instauration des heures d'équivalence prévues à l'article L.212-4 in fine du code du travail, d'autre part, la modulation de la période de référence sur un cycle supérieur à la semaine.

A) Heures d'équivalence

Le décret du 26-1-1983 fixe des « *temps de service* », applicables au personnel roulant marchandises, supérieurs à la durée légale du travail indiquée à l'art. L.212-1 C. trav. Le conseil d'Etat a jugé, lors du contrôle de la légalité du décret n° 2000-69 du 27-1-2000 modifiant le décret du 26-1-1983, que si la loi n'habilitait pas le pouvoir réglementaire à décider d'un régime spécifique de rémunération des heures supplémentaires ni à dépasser les heures maximales hebdomadaires fixées à l'article L.212-7 C. trav., la mise en place d'une durée équivalente à la durée légale du travail était juridiquement valide (▪ *Cons. d'Et. 30-11-2001, BTL, 2001, p.836*). De cette façon, le conseil d'Etat nomme explicitement ce qui justifie les « *heures de service* » des chauffeurs routiers dans le décret de 1983, notion par ailleurs inconnue de la loi.

Au demeurant, l'article 5.4., deuxième alinéa, du décret de 1983 renvoie, en matière de rémunération, au quatrième alinéa de l'art. L.212-4 C. trav. autorisant la mise en place d'une « *durée équivalente à la durée légale (...) dans les professions et pour les emplois déterminés comportant des périodes d'inaction* ».

De la sorte, dans le TRM :

- « *la durée du temps de service personnels roulants grands routiers ou longue distance est fixée à 43 heures par semaine* »
- « *la durée du temps de service des autres personnels roulants marchandises, à l'exception des conducteurs de messagerie et des convoyeurs de fonds, est fixée à 39 heures par semaine* ».

Par ailleurs, compte tenu de la modulation possible des périodes de référence nécessaire au calcul de la durée légale du travail (cf. *infra*), la durée passée au service de l'employeur doit être de 186 heures par mois, pour les chauffeurs « *longue distance* » et de 169 heures par mois pour les autres personnels roulants (art.5.3., décret du 26-1-1983), dès lors qu'ils sont embauchés à temps plein.

Mais certaines catégories de chauffeurs ne sont pas soumises à un mécanisme assimilable aux heures d'équivalence. Le décret du 26-1-1983 exclut de ce mécanisme le personnel roulant marchandises « *courte distance* » des services de messagerie ainsi que les convoyeurs de fonds. Selon l'article 5.3. du décret, les conducteurs de messageries sont « *les personnels roulants affectés, à titre principal, à des services organisés de messagerie,, d'enlèvement et de livraison de marchandises ou de produits dans le cadre de tournées régulières nécessitant, pour une même expédition de domicile à domicile, des opérations de groupage et de dégroupage, et comportant des contraintes spécifiques de délais de livraison* ». Les convoyeurs de fonds sont « *les personnels roulants affectés à des services de transport de fonds, de bijoux ou de métaux précieux* ».

Le décret n° 2000-118 du 14-2-2000 relatif à la durée du travail dans les entreprises de transport public urbain de voyageurs ne fixe aucun mécanisme d'équivalence.

Ce dispositif n'était pas non plus applicable aux conducteurs des services de voyageurs visés par le même décret de 1983 (ainsi, les conducteurs de car). Cependant, l'article 11.II. du décret du 22-12-2003 désormais applicable aux entreprises de transport routier de personnes introduit une forme d'équivalence dans le cadre du double équipage (cf. supra).

De plus, certaines catégories de chauffeurs « *voyageurs* » sont assujettis à des dispositifs similaires.

- Le décret n° 2001-679 du 30-7-2001 relatif à la durée du travail dans les entreprises de transport sanitaire dispose que la durée du travail effectif des personnels ambulanciers roulants, décomptée sur la base du cumul hebdomadaire de leurs amplitudes journalières d'activité, est prise en compte pour 75 % de sa durée, « *afin de tenir compte des périodes d'inaction* » (art.3). De plus, si le personnel ambulancier roulant (chauffeurs, brancardiers...) n'assurent pas plus de quarante services de permanences (nuits, samedis, dimanches, jours fériés) sur l'année, la durée du travail effectif est prise en compte pour 80 %, 83 %, 85 % ou 90 % de sa durée, en fonction du nombre de permanences (art.4).

- Des conventions collectives établissent des règles assimilables à un régime d'équivalence. Un exemple caractéristique est l'accord du 4-5-2001 applicable aux entreprises de transport touristique occasionnel de voyageurs. Cet accord, non étendu, modifie considérablement les règles en matière d'aménagement du temps de travail et détermine la durée du travail effectif en fonction de différentes périodes, dont certaines n'entraînent qu'une comptabilisation partielle ou forfaitaire du temps de travail (« *période de réserve* », « *travaux annexes* », « *temps contraints* »).

b) La modulation de la période de référence

Dans le secteur du TRM, le décret du 26-1-1983 reprend certains principes du droit commun du travail. L'article 4.1. rappelle que « *la durée hebdomadaire du travail est calculée sur une semaine* ». L'article 4.3. précise que « *la durée hebdomadaire du travail des personnels roulants marchandises peut être calculée sur une période supérieure à la semaine en application d'un accord conclu dans le cadre des dispositions de l'article L.212-8 du code du travail* ».

L'article L.212-8 C. trav. dispose notamment qu'une « *convention ou un accord collectif étendu ou une convention ou un accord d'entreprise ou d'établissement peut prévoir que la durée hebdomadaire du travail peut varier sur tout ou partie de l'année à condition que, sur un an, cette durée n'excède pas un plafond de 1600 heures* ». Bien entendu, la référence aux 1600 heures de travail annuel s'apprécie, le cas échéant, compte tenu d'un mécanisme d'heures d'équivalence qui, nécessairement, majore la durée du service par rapport aux heures de travail décomptées.

La modulation du temps de travail est très largement pratiquée dans le secteur des transports routiers. L'accord « *grands routiers* » du 23-11-1994 a mis en place un tel mécanisme, dans des conditions juridiques très contestables à l'époque (cf. ▪ *cass. crim.*

24-11-1998, BTL 1999, p.39), mais en vue de favoriser le paiement effectif du temps de travail réalisé par les chauffeurs « *longue distance* » et d'arriver progressivement à une diminution de la durée du travail.

De même, l'accord du 4-5-2000 sur l'aménagement et la réduction du temps de travail des personnels des entreprises de transport sanitaire prévoit un mécanisme de modulation du temps de travail (art.6.4). Les dispositions de l'article 4.2.3. de l'accord du 23-8-2000 relatif à l'aménagement du temps de travail des personnels des entreprises de déménagement sont encore une illustration de la mise en place d'un mécanisme de modulation du temps de travail dans un secteur soumis à d'importantes variations d'activité.

De longue date, la convention collective nationale des transports routiers met également en œuvre cette possibilité. L'article 12 § 4 de la convention collective stipule ainsi que l'amplitude maximale de la modulation de la durée légale hebdomadaire est :

- de plus ou moins cinq heures, avec dépassement de l'horaire légal au cours de la période allant du 1er avril au 30 septembre, dans le secteur du déménagement
- de plus ou moins cinq heures, avec dépassement de l'horaire légal au cours de la période allant du 1er avril au 30 novembre, dans le secteur du transport de denrées périssables
- de plus ou moins cinq heures, avec dépassement de l'horaire légal au cours de la période allant du 1er octobre au 3 mars, dans le secteur du transport de combustibles
- de plus ou moins cinq heures, avec dépassement de l'horaire légal au cours de la période allant du 1er mars au 31 octobre, dans le secteur du transport de masses indivisibles
- de plus ou moins deux heures, « *pour toutes les autres activités* », un dépassement de l'horaire légal pouvant intervenir dans n'importe quelle période de l'année.

Cette disposition conventionnelle peut aujourd'hui apparaître obsolète, compte tenu de ce qu'autorise la loi, notamment par le biais d'un accord d'entreprise. Mais cette modulation du temps de travail prévue par la convention collective de branche est encore susceptible de s'appliquer en l'absence d'un accord d'entreprise et indépendamment des conditions fixées à l'article 4.3. du décret du 26-1-1983, c'est-à-dire lorsque l'employeur décide de recourir unilatéralement à une autre période que la semaine pour le calcul de la durée légale du travail.

Effectivement, le décret du 26-1-1983 autorise l'employeur à calculer la durée légale du travail sur la base d'une période supérieure à la semaine quand, pour des raisons techniques d'exploitation, il est impossible d'organiser le travail sur une seule semaine. La durée hebdomadaire du travail peut alors être calculée sur une période de deux semaines consécutives, trois semaines consécutives ou au plus un mois, après avis du comité d'entreprise ou, à défaut, des délégués du personnel, et « *autorisation de l'inspecteur du travail des transports territorialement compétent* » (art.4.3.).

Cette possibilité n'est donc pas de droit dans le secteur du TRM, contrairement à ce qui se passe dans le transport routier de voyageurs soumis au décret de 1983 puis à celui de 2003. En effet, pour le personnel roulant effectuant des transports de voyageurs « *la durée hebdomadaire peut être calculée sur deux semaines consécutives, à condition que cette période comprenne au moins trois jours de repos* ». L'article 4.II. du décret du 22-12-2003 précise que « *la durée du travail des intéressés est considérée comme étant le résultat de la division par deux du nombre d'heures accomplies pendant les deux semaines* ». Certaines dispositions de l'accord du 18-4-2002, organisant la modulation du temps de travail dans le secteur du transport interurbain de voyageurs, précisent la mise en œuvre de ce mode de calcul du temps de travail sur quatorze jours (art.11 et s.).

Dans le secteur du transport public urbain de voyageurs, le décret n° 2000-118 du 14-2-2000 autorise encore plus largement une modulation du temps de travail, en l'absence d'un accord d'entreprise. Ce règlement prévoit bien l'existence d'accord de modulation devant respecter les articles L.212-1, L.212-2, L.212-5, L.212-7-1, L.212-8, L.212-8-5, L.212-9 et L.212-10 C. trav., sauf dérogations fixées au décret (art.4). Cependant, à défaut d'un accord, un cycle d'organisation du travail d'au plus douze semaines peut être mis en place par l'employeur. Ces cycles ne se répètent pas nécessairement. Ils correspondent effectivement aux différents niveaux d'activité de l'entreprise, telles les périodes scolaires ou les vacances (art.3). La mise en place de ces cycles ou leur modification doit faire l'objet d'une consultation du comité d'entreprise ou des délégués du personnel. L'inspection du travail des transports doit seulement recevoir l'avis des représentants du personnel ou être informée de la nouvelle organisation. Les salariés bénéficient d'un droit de prévenance de sept jours, sauf cas d'urgence.

2. Les durées maximales journalières et hebdomadaires du travail

En ce qui concerne la durée maximale du travail, deux corps de règles se superposent en réalité. D'une part, il y a la réglementation du travail mise en place dans le seul intérêt des travailleurs salariés, d'autre part, il y a la réglementation européenne relative « *à l'harmonisation de certaines dispositions en matière sociale dans le domaine des transports par route* » (règlement CEE n° 3820-85 du 20-12-1985), mais dont l'objectif principal est la sécurité routière.

Le règlement de 1985 ne fixe certes pas une durée maximale du travail. Il n'impose que des durées maximales de conduite et des périodes minimales de repos. Il est cependant évident que les repos fixés au règlement européen dessinent en creux des durées maximales de travail. Ces règles, cependant, n'ont qu'une importance secondaire pour les salariés, quant à la durée de leur travail. En effet, les limites au temps de travail qui s'inscrivent ainsi par déduction des repos sont supérieures à celles dont dispose la réglementation française du travail. Elles n'ont donc d'intérêt pour les salariés qu'en ce qu'elles garantissent notamment des périodes continues de repos entre deux périodes de travail. Par contre, la réglementation européenne de 1985 détermine bel et bien indirectement une limite à la durée du travail pour les chauffeurs indépendants, pourvu que cette réglementation leur soit applicable (cf. *supra*, Section 1, § 2).

a) Durée journalière du travail

La durée maximale journalière du travail est fixée à dix heures par l'article 7.1. du décret du 26-1-1983et par l'article 3 du décret du 22-12-2003. Une semblable norme existe à l'article 6 du décret n° 2000-118 du 14-2-2000 relatif à la durée du travail dans les entreprises de transport public urbain de voyageurs. Ce seuil est également celui du code du travail (L.212-1 C. trav.). Il s'applique donc à l'ensemble des chauffeurs salariés. Cependant, les décrets de 1983 et 2003 autorisent certains dépassements ponctuels à l'adresse du personnel roulant, dans des conditions moins strictes que celles fixées à l'article D.212-12 C. trav. (surcroît temporaire d'activité motivé par des travaux saisonniers, des engagements contractés par l'entreprise...)

De la sorte, précisent les paragraphes 2 et 3 de l'article 7 du décret de 1983, « *cette durée pourra être portée à douze heures une fois par semaine pour le personnel roulant d'une part et le personnel non sédentaire de déménagement d'autre part. Cette durée pourra être portée à douze heures une seconde fois par semaine, dans la limite de six fois par période de douze semaines, à condition que la durée hebdomadaire du travail ait été répartie sur cinq jours au moins* ». Une disposition similaire existe à l'article 3 du décret du 22-12-2003 applicable aux entreprises de transport routier de personnes. Les représentants du personnel doivent être consultés. Ces dispositions ne peuvent avoir pour effet de déroger à celles du règlement CEE n° 3820/85 du 20-12-1985.

Par ailleurs, en cas de dépannage de véhicules, la durée journalière du travail peut être portée à quatorze heures, l'inspection du travail des transports devant être informée (art.9 du décret de 1983). Le décret de 2003 prévoit également un dépassement des durées maximales journalières en cas de telles circonstances, mais sans fixer de limites (art.5 in fine).

Par contre, les dispositions du décret du 14-2-2000 relatif à la durée du travail dans les entreprises de transport public urbain de voyageurs sont similaires à celles du droit commun du travail. Elles autorisent un dépassement du seuil des dix heures de travail journalier quand s'impose « *un surcroît temporaire d'activité* », notamment pour l'un des motifs cités à l'article D.212-12 C. trav. Il est nécessaire qu'intervienne une autorisation de l'inspecteur du travail des transports, à moins qu'il y ait urgence. Dans ce cas, une régularisation ultérieure auprès de l'inspection est admise (art.6). Le décret ne fixe aucune limite explicite au dépassement du seuil des dix heures. Mais celle-ci résulte d'une autre notion, courante en droit social des transports : celle d'amplitude journalière de travail.

Rappelons que le calcul de la durée effective du travail se calcule, selon le décret de 1983, par la déduction des temps de coupure et de repos de l'amplitude journalière de travail. Cette amplitude correspond à la durée qui s'écoule, au sein d'une même période de vingt-quatre heures consécutives, entre le début et la fin du service du salarié. Durant cette période, le salarié se trouve au travail, mais prend également des repos. Pour les chauffeurs routiers, ces repos interviennent souvent en cours de déplacement. Il arrive également que les chauffeurs travaillent tôt le matin et en soirée, tandis qu'ils restent inoccupés en milieu de journée (par exemple, en messagerie).

Dans le TRM, aucune règle légale ne vient limiter l'amplitude de travail sur la journée, sauf quand il existe une organisation du travail par relais. L'article 3 du décret du 26-1-1983 limite alors l'amplitude individuelle de la journée de travail à dix heures pour le personnel roulant « *marchandises* ».

Par ailleurs, l'article 25 de l'annexe 1 de la convention collective nationale des transports routiers stipule que, lorsque les véhicules sont conduits en double équipage, lors d'un transport de marchandises «*grand routier*», l'amplitude de la journée de travail ne doit pas dépasser quatorze heures. Cette amplitude est portée à dix-neuf heures deux fois de suite (avec au moins trois heures d'interruption de travail), quand le véhicule est équipé d'une couchette. Des dispositions conventionnelles prévoient encore la rémunération de périodes non travaillées lorsque celles-ci, par leur ampleur, allongent l'amplitude journalière de travail (cf. *infra*, § 2, B).

Dans le transport public de voyageurs, il existe par contre des limites précises à l'amplitude journalière de travail. L'article 7. du décret du 22-12-2003 dispose que « *l'amplitude de la journée de travail ne doit pas excéder douze heures.* » Elle « *ne doit pas excéder dix-huit heures dans le cas d'un équipage composé de plusieurs conducteurs* ». Une telle règle s'applique notamment aux chauffeurs de car interurbains, aux ambulanciers, aux chauffeurs de taxi salariés... L'article 7.IV. précise que « *dans le cas où les conditions d'exploitation le rendent néces-*

saire et après avis du comité d'entreprise ou, à défaut, des délégués du personnel, s'ils existent, et autorisation de l'inspection du travail, l'amplitude peut être prolongée jusqu'à quatorze heures » sous réserve des conditions suivantes.

- La durée quotidienne du temps passé au service de l'employeur ne doit pas excéder neuf heures (au lieu de dix heures).
- Le service doit comporter une interruption d'au moins deux heures et demie continues ou deux interruptions d'au moins une heure et demie chacune, lorsque l'amplitude est prolongée au-delà de douze heures et jusqu'à treize heures.
- Le service doit comporter une interruption d'au moins trois heures continues ou deux interruptions d'au moins deux heures continues chacune, lorsque l'amplitude est prolongée au-delà de treize heures.

Ces dépassements d'amplitude font l'objet de compensations (cf. *infra*, § 2, C).

Le décret du 22-12-2003 pose cependant des règles particulières à destination du « *personnel sédentaire lorsqu'il effectue une activité de conduite sur une journée complète de travail* » et du personnel des entreprises de transport sanitaire, dans certaines circonstances précises.

L'apparent paradoxe d'un personnel sédentaire « *roulant* » vient de la pratique courante dans ce secteur d'utiliser du personnel de bureau ou d'atelier possédant les permis de conduire idoines afin de répondre à des surcroîts momentanés d'activité. Dans ce cas, l'amplitude de la journée de travail peut être portée à treize heures quand le personnel est affecté à un service régulier et à quatorze heures quand il est affecté à un service occasionnel (art.11.V.).

Pour le personnel ambulancier roulant, l'amplitude journalière de travail peut être portée à quinze heures une fois par semaine en moyenne sur quatre semaines lorsqu'il s'agit d'achever une mission. Une telle amplitude peut également être atteinte soixante-quinze fois par année civile « *pour les activités saisonnières ou pour des rapatriements sanitaires pour les compagnies d'assurance ou d'assistance* » (art.12)

Dans les entreprises de transport public urbain de voyageurs, l'article 7 du décret n° 2000-118 du 14-2-2000 fixe l'amplitude maximale de la journée de travail à onze heures. Mais cette amplitude peut être portée à treize heures par un accord de branche étendu qui doit alors préciser la proportion des temps de service entrant dans l'amplitude journalière de travail ainsi négociée. Le décret du 14-2-2000 valide par ailleurs les accords d'entreprise conclus antérieurement, dès lors qu'ils prévoient des amplitudes journalières de dépassant pas quatorze heures et qu'ils comportent des contreparties adéquates (cf. toutefois *infra*, les conséquences de la décision du Cons. d'Et. du 27-7-2001).

Certaines conventions collectives reprennent et précisent cette réglementation professionnelle.

- L'accord du 4-5-2000 sur l'aménagement du temps de travail dans les entreprises de transport sanitaire limite l'amplitude de la journée de travail à douze heures pour le personnel roulant. Mais cette amplitude peut être portée à quinze heures, pour des motifs et dans des conditions approchant ceux du décret de 2003 (art.2 -b- de l'accord).
- L'accord du 18-4-2002 applicable aux personnels des entreprises de transport routier interurbain de voyageurs fixe l'amplitude de la journée de travail à treize heures, quand il s'agit de « *services réguliers* », cette amplitude pouvant être portée à quatorze heures après avis du comité d'entreprise ou des délégués du personnel et autorisation de l'inspection du travail. L'amplitude de la journée de travail est en principe de quatorze heures pour les « *activités de tourisme* » en simple équipage (art.7.1.2.).
- L'accord du 22-12-1998 conclu dans le secteur du transport urbain de voyageurs (dont il faut rappeler que la mise en œuvre se trouve contrariée par la décision du conseil d'Etat annulant les dispositions du décret du 14-2-2000, en ce qu'elles fixent la possibilité de conventions collectives dérogatoires à la loi : ▪ *Cons. d'Et. 27-7-2001, BTL 2001, p.798)* fixe à son article 7 des dispositions permettant une amplitude de travail de treize heures, sinon même quatorze heures, lorsque le travail hebdomadaire est réparti sur moins de cinq jours.

b) Durée hebdomadaire du travail

La durée maximale hebdomadaire du travail est en principe celle du droit commun. Les dispositions du code du travail relatives aux conditions et à la durée du travail s'appliquent en effet aux salariés chargés de la conduite ou du pilotage (art. 10 LOTI). De plus, l'article 5.7. du décret du 26-1-1983 détermine la durée de temps de service pour le personnel roulant marchandises, « *en application de l'article L.212-7 du code du travail* ». Cette disposition fixe à quarante-huit heures la durée maximale du travail au cours d'une même semaine.

Le seuil des quarante-huit heures de travail hebdomadaire est également celui retenu par la directive communautaire n° 2002/15/CE du 11-3-2002 relative à l'aménagement du temps de travail des personnes exécutant des activités mobiles de transport routier. Cette directive dispose aussi que la durée maximale du travail sur la semaine peut être portée à soixante heures, pour autant qu'une moyenne de quarante-huit heures par semaine sur quatre mois ne soit pas dépassée (art.4). Le droit du travail français apparaît donc déjà largement conforme à cette directive qui, en tout état de cause, devra être transposée dans les différents droits nationaux en mars 2005 à l'adresse des conducteurs salariés.

Il faut toutefois considérer que, compte tenu des heures d'équivalence prévues notamment au décret du 26-1-1983, la durée de *temps de service* maximale hebdomadaire, sur une semaine isolée, dépasse largement le seuil des quarante-huit heures pour certains chauffeurs routiers. De plus, le décret de 1983 présente non seulement un décompte du temps de travail basé sur la semaine mais également un décompte basé sur le mois.

En vertu de l'article 5.7. du décret de 1983, la durée maximale du *temps de service* est de cinquante-six heures par semaine pour le personnel roulant marchandises « *grands routiers* ». Cette durée correspond à la durée légale du travail (trente-cinq heures) majorée des périodes d'équivalence autorisant un temps de service hebdomadaire de quarante-trois heures, qu'il faut encore augmenter de toutes les heures supplémentaires autorisées entre le seuil des trente-cinq heures et celui des quarante-huit heures, soit treize heures. La durée maximale de service des grands routiers ne doit cependant pas dépasser cinquante heures par semaine en moyenne, sur un mois, quand le décompte se fait à la semaine.

En revanche, bien que certains personnels roulants marchandises « *courte distance* » connaissent également des heures d'équivalence (cf. supra), la durée maximale de leur temps de service hebdomadaire, sur une semaine isolée, ne dépasse pas le seuil des quarante-huit heures.

L'article 5.7. du décret du 26-1-1983 détermine par ailleurs des durées maximales de temps de service calculables sur la période d'un mois. Ce mode de calcul de la durée maximale hebdomadaire du travail n'existe pas en droit commun, l'article L.212-7 C. trav., al.2 et 3, ne prévoyant qu'un calcul sur une période de douze semaines. Ce mode de calcul particulier doit être mis en relation avec la possibilité laissée par le décret de 1983 de calculer la *durée légale* de service des grands routiers sur une base supérieure à la semaine (cf. *supra*) et donc de permettre la computation des heures supplémentaires sur cette base également.

Aussi, pour le personnel roulant « *grands routiers* », la durée de temps de service maximale ne doit pas dépasser deux cent vingt heures sur un mois, quand le décompte s'effectue sur une base supérieure à la semaine (cf. *supra*, l'article 4.3. du décret de 1983). Bien entendu, dans ce cas, le seuil des cinquante-six heures de service sur une semaine isolée reste une limite intangible.

Pour les autres personnels roulants, à l'exception des conducteurs de messagerie et des convoyeurs de fonds, la durée de temps de service maximale ne doit pas dépasser deux cent huit heures sur un mois, quand le décompte s'effectue sur une base supérieure à la semaine. Il ne doit pas dépasser quarante-huit heures par semaine, en moyenne, sur le mois, quand le décompte se fait à la semaine.

Le personnel roulant de messagerie et les convoyeurs de fonds suivent le droit commun. Pour eux, la durée maximale hebdomadaire du travail, calculée sur douze semaines consécutives, ne peut en principe dépasser quarante-quatre heures. Elle est de quarante-huit heures sur une semaine isolée.

De même, les chauffeurs des entreprises de transport de voyageurs dorénavant concernés par le décret du 22-12-2003 sont régis par le droit commun (art.4.II.), l'article 5 fixant néanmoins quelques exceptions en cas d'incidents (ex. : incidents sur les installations, dépannages...). L'article 17.1. de l'annexe 1 de la convention collective nationale des transports routiers fixe néanmoins la durée moyenne maximale hebdomadaire de travail, calculée par période de douze semaines consécutives, à quatre-vingt-huit heures par quatorzaine. Mais, dans le même temps, l'article 6 de l'accord du 18-4-2002 applicable aux entreprises de transport routier de voyageurs stipule que les durées maximales de travail sont seulement fixées «*par les dispositions législatives et réglementaires en vigueur*», ce qui paraît rendre obsolète l'article 17.1 de l'annexe 1 de la convention collective nationale des transports routiers.

Pour le personnel ambulancier roulant (accord du 4-5-2000 et décret du 30-1-2001), le décompte de la durée du travail effectif sur la base du cumul hebdomadaire des amplitudes journalières d'activité, avec une prise en compte parfois réduite à 75 % de sa durée, entraîne, par le jeu de cette équivalence, un possible dépassement du seuil des quarante-huit heures, dans la mesure où le salarié sera resté régulièrement à la disposition de son employeur tout au long de chaque journée de travail.

A l'inverse, dans le secteur du transport public urbain de voyageurs, le décret n° 2000-118 du 14-2-2000 dispose de règles favorables aux salariés. En premier lieu, il limite à quarante-six heures la durée maximale du travail sur la semaine. En second lieu, « *la durée maximale hebdomadaire de travail calculée en moyenne sur une période quelconque de douze semaines consécutives ne peut dépasser quarante-deux heures* » (art.5, al. 1).

3. Les repos

L'activité de transport a une forte propension à ne jamais s'arrêter. Le voyageur souhaite trouver rapidement un transport sûr. Les chargeurs exigent souvent un transport ponctuel et des délais de livraison rapides. L'interruption d'un voyage est toujours fortement préjudiciable et pose des questions de sécurité publique. Aussi a-t-il fallu souvent adapter la législation en ce qui concerne les pauses et les repos quotidiens, les repos hebdomadaires ou les congés payés. De même, la flexibilité du travail inhérente au secteur explique l'apparition, dès 1994, du mécanisme conventionnel des « *repos récupérateurs* », puis d'une large utilisation des accords de modulation assortis de « *repos compensateurs* ». Ce sont enfin les conditions de travail souvent éprouvantes des conducteurs routiers qui justifient l'existence de dispositions conventionnelles permettant une cessation anticipée d'activité.

a) Les repos journaliers

Il est possible de discerner deux types de repos journaliers. Il y a ceux que le salarié prend au cours de sa journée de travail. Il s'agit donc de pauses comprises dans l'amplitude journalière de travail (repas...). Il y a, en second lieu, les repos qui séparent chaque journée de travail, ceux donc qui départagent chaque amplitude journalière de travail et intègrent le temps nécessaire au sommeil. Longtemps, cette question n'a fait l'objet d'aucune réglementation, si l'on excepte l'interdiction du travail de nuit pour les femmes employées dans l'industrie (disposition aujourd'hui abrogée) et pour les jeunes travailleurs (L.213-7 C. trav.). Le législateur est cependant intervenu récemment.

Les pauses prises en cours de journée peuvent déjà être déduites du temps de travail effectif (cf. *supra*, A). Rappelons que les décrets du 26-1-1983 et du 22-12-2003 excluent en principe de la durée effective du travail le temps consacré à l'habillage, aux repas, au casse-croûte, ainsi que les « *coupures* », ce qui inclut généralement les interruptions de conduite pour les conducteurs assujettis au règlement européen n°3820 du 20-12-1985.

Dans les entreprises de transport de voyageurs régies par le nouveau décret du 22-12-2002, des pauses sont prévues à l'article 7.IV. lorsque l'amplitude journalière de travail dépasse certains seuils (cf. *supra*, 2., -a-).

Dans les entreprises de transport public urbain de voyageurs, l'article 10 du décret n°2000-118 du 14-2-2000 dispose qu'aucun service ne peut compter plus de deux coupures et fixe la durée minimale de la coupure pour le repas de midi à quarante-cinq minutes. Celle-ci doit être prise entre onze heures trente et quatorze heures, une contrepartie devant être, à défaut, déterminée par convention collective. Mais pour les travailleurs à temps partiel, une seule interruption du service est possible, qui ne peut être supérieure à deux heures, à moins qu'un accord de branche étendu ne déroge à cette règle (art.13 ; cf. également l'art. L. 212-4-4, in fine C. trav.).

Par ailleurs, la directive 2002/15/CE du 11-3-2002, dont le champ d'application est le même que celui du règlement européen de 1985, indique qu'une pause d'une demi-heure devra être accordée au salarié quand le total des heures de travail dépassera six heures, cette pause devant être portée à trois quarts d'heure si le total des heures de travail dépasse neuf heures. Cette pause peut être fractionnée en périodes de quinze minutes (art. 5).

Pour les conducteurs dont la situation ne les oblige pas à interrompre la conduite de leur véhicule toutes les quatre heures et trente minutes, en vertu du règlement européen de 1985 (cf. *infra*, seconde Partie, Section 2, § 1), il est regrettable que l'article L.220-2 C. trav., qui dispose qu'aucun temps de travail quotidien ne peut atteindre six heures sans que le salarié bénéficie d'un temps de pause d'une durée minimale de vingt minutes, ne puisse ici s'appliquer. En effet, l'article 7 de la loi n°98-461 du 13-6-1998 indique que cette disposition ne concerne pas le personnel roulant du secteur des transports alors que le décret du 26-1-1983 garde le silence sur cette question.

Il faut toutefois considérer que l'article L.220-2 C. trav. est susceptible de s'appliquer aux chauffeurs des entreprises effectuant des transports en compte propre. Par ailleurs, cette question est partiellement réglée par le décret du 22-12-2003 (par exemple, à destination des ambulanciers) puisque ce texte prévoit des pauses en fonction de l'amplitude journalière de travail (cf. *supra*).

Pour les repos quotidiens séparant chaque journée de travail, le décret du 26-1-1983 applicable aux entreprises de transport routier pose à l'inverse une règle précise : «*le personnel roulant des établissements visés à l'article premier du présent décret, effectuant des transports non soumis au règlement CEE n° 3820/85 du 20 décembre 1985, doit bénéficier d'un repos journalier d'au moins dix heures consécutives pendant les vingt-quatre heures précédant tout moment où il exécute un travail effectif ou est à disposition.* » (art.8). Une règle identique existe au décret du 22-12-2003 applicable aux entreprises de transport routier de personnes (art.8).

Cette règle déroge à l'article L.220-1 C. trav. qui fixe un repos minimal de onze heures, mais dont l'application se trouve également écartée par l'effet de l'article 7 de la loi n° 98-461 du 13-6-1998. Les dispositions de l'article 8 des décrets de 1983 et de 2003 assurent ainsi une protection aux chauffeurs « *marchandises* » et « *voyageurs* » qui ne bénéficient pas des repos quotidiens fixés à l'article 8 du règlement européen de 1985 (cf. *infra*, seconde Partie, Section 2, § 2) et contribuent par là même à la sécurité de l'ensemble des usagers de la route. Sont en particulier concernés par cette règle les chauffeurs salariés travaillant sur des véhicules utilitaires légers (camionnettes…) ou qui assurent un service de taxi ou d'ambulance…

Dans les entreprises effectuant des transports pour compte propre, les dispositions de l'article L220-1 C. trav. sont par contre applicables. Pourtant, il peut être dérogé à la norme des onze heures de repos, quand une convention collective étendue le prévoit, « *pour les activités caractérisées par l'éloignement entre le domicile et le lieu de travail ou par l'éloignement entre différents lieux de travail du salarié* » (D.220-1 C. trav.), ce que le travail d'un chauffeur impose souvent.

Par ailleurs, en transport public urbain de voyageurs, la norme est celle du droit commun, le premier alinéa de l'article 8 du décret du 14-2-2000 fixant la durée minimale du repos quotidien à onze heures. Cette disposition prévoit cependant différentes dérogations à cette règle, soit par convention collective de branche étendue, pour permettre une continuité du service, soit par accord d'entreprise quand le travail a lieu par roulement de trois équipes et qu'il est notamment nécessaire de passer d'un service de soirée à un service de matinée.

En présence d'un accord d'entreprise prévoyant une telle dérogation, des périodes équivalentes de repos doivent être accordées la semaine suivante aux salariés quand le repos journalier descend en dessous de dix heures. La dérogation ne peut avoir pour effet de réduire ce repos en deçà de neuf heures. En l'absence d'accord collectif, l'article 8 du décret du 14-2-2000 rend également possible une dérogation au seuil des onze heures de repos en cas de surcroît d'activité et de travaux urgents. En présence d'un surcroît d'activité, une autorisation de l'inspection du travail des transports est nécessaire, celle-ci pouvant intervenir ultérieurement, par régularisation. En cas de travaux urgents, une information immédiate de l'inspection du travail suffit.

Les dispositions conventionnelles complémentaires à la réglementation légale sont assez peu nombreuses en matière de repos journalier. L'accord du 22-12-1998, dans le secteur du transport urbain de voyageurs, reprend le principe de l'article 8 du décret du 14-2-2000 en fixant le repos quotidien à onze heures, et admet quelques exceptions jusqu'à dix heures (art.8 de l'accord). Le personnel ambulancier bénéficie de repos complémentaires attenant à certaines périodes de « *permanences* » durant la nuit (art.22 bis, § 8 de l'annexe 1 de la convention collective des transports routiers). L'art.2 b de l'accord du 4-5-2000 en matière de transport sanitaire prévoit qu'un repos attenant de onze heures doit être accordé quand il y a un dépassement d'amplitude journalière de travail au-delà de douze heures.

b) Les repos hebdomadaires

Que le chauffeur soit employé dans une entreprise effectuant du transport en compte propre ou qu'il travaille dans une entreprise de transport public, les règles sur le repos hebdomadaire sont souvent identiques. Le décret n° 83-40 du 26-1-1983 relatif à la durée du travail dans les entreprises de transport routier pose en effet le principe d'une application du droit commun du travail, en matière de repos hebdomadaire (art.2). Un principe similaire est posé à l'article 9 du décret du 22-12-2003. Il est donc interdit d'occuper plus de six jours par semaine un même salarié (L.221-2 C. trav.). Le repos hebdomadaire doit avoir une durée minimale de vingt-quatre heures consécutives auxquelles s'ajoutent les heures de repos quotidien prévu à l'article L.220-1 C. trav. (L.221-4 C. trav.). Il doit être donné le dimanche (L.221-5 C. trav.).

L'article L.221-9 C. trav. autorise cependant les *« entreprises de transport par terre »* à donner le repos hebdomadaire par roulement.

De même, en application des articles L.221-9 et L.220-10 C. trav., l'article R.221-4 C. trav. autorise les établissements industriels et commerciaux à donner le repos hebdomadaire par roulement en ce qui concerne les services de transport pour livraison. Néanmoins, il faut considérer que nombre d'opérations de transport ne peuvent se dérouler sans interruption tout au long de la semaine, du fait notamment de l'interdiction faite à certains véhicules de circuler le dimanche (cf. *supra*, Section 1, § 2).

Les articles 2 du décret de 1983 et 9 du décret de 2003 autorisent l'employeur à répartir comme il l'entend la durée légale du travail sur cinq ou six jours, pourvu que soit respectée la durée maximale du travail sur la journée et que soient consultés, quand ils existent dans l'entreprise, le comité d'entreprise ou, à défaut, les délégués du personnel. Par contre, une répartition de la durée du travail sur moins de cinq jours nécessite l'accord du comité d'entreprise ou, à défaut, des délégués du personnel. En l'absence de représentants du personnel, l'employeur devra obtenir l'autorisation de l'inspection du travail des transports. L'accord du 23-8-2000 applicable aux seules entreprises de déménagement permet cependant à l'employeur de répartir le temps de travail sur un nombre inférieur ou supérieur à cinq jours, à condition que le nombre de semaines comportant six jours consécutifs de travail ne soit pas supérieur à quatorze.

Les articles 2 du décret de 1983 et 9 du décret de 2003 précisent enfin que lorsque le repos hebdomadaire ne dépasse pas deux jours, il doit être donné d'un seul tenant, sauf pour le personnel roulant « *voyageurs* » quand les nécessités de l'exploitation le justifient et après avis du comité d'entreprise ou, à défaut, des délégués du personnel (art.9 al.3).

Ces règles doivent cependant être combinées avec celles du règlement européen n° 3820 du 20-12-1985, étant entendu que les règles communautaires sont inapplicables aux chauffeurs salariés concernés dès lors qu'elles leur sont, *a priori*, moins favorables que la législation sociale française. Il apparaît notamment que le repos hebdomadaire minimal de vingt-quatre heures prévu par l'article 8.3. du règlement communautaire, lorsque le conducteur se trouve en déplacement, s'oppose à la durée minimale fixée par l'article L.221-4 C. trav. qui nécessairement conjugue la durée de base du repos hebdomadaire (vingt-quatre heures) à celle du repos quotidien.

Une remarque similaire peut être faite concernant les dispositions conventionnelles. Nonobstant le respect des dispositions de l'article L.221-4 C. trav., l'article 8 bis de l'annexe 1 de la convention collective nationale des transports routiers stipule que le personnel roulant « *marchandises* » et « *déménagement* » bénéficient d'un repos hebdomadaire de quarante-huit heures en moyenne sur l'année, sous forme de repos successifs dont la durée peut varier. Ces durées, précise la convention, s'entendent « *de la durée totale de repos continu hebdomadaire et journalier dont bénéficie le personnel roulant en principe en fin de semaine* ». Lorsque le repos est pris au domicile, la durée minimale est de trente-cinq heures. Mais cette durée peut être réduite à vingt-quatre heures quand le repos est pris hors du domicile, ce qui est contradictoire aux dispositions de l'article L.221-4 C. trav., compte tenu de l'interprétation donnée par la convention à la notion de « *durée de repos* », qui englobe les repos journaliers et hebdomadaires.

Notons que lorsque les repos hebdomadaires sont inégaux d'une semaine à l'autre, la durée totale des deux repos passe de quatre-vingt-seize à cent cinq heures.

L'article 17.3. de la convention collective nationale, qui édicte les règles conventionnelles applicables en matière de repos hebdomadaire pour le personnel « *voyageurs* » apparaît plus précis puisqu'il indique que la durée minimale du repos est de « *vingt-quatre heures accolées à un repos journalier, sous réserve des dispositions du règlement CEE n° 3280-85* ». La durée moyenne de ces repos doit être de quatre-vingt-seize heures par quatorzaine (durée qui recouvre ici la durée totale de repos continu hebdomadaire et journalier). Si les quatre-vingt-seize heures ne sont pas atteintes, le reliquat doit être pris dans les trois mois sous forme de demi-journées ou de journées de repos accolées à un repos hebdomadaire, notamment pendant les périodes de vacances scolaires. Pour le personnel roulant des services de tourisme, ces reliquats peuvent être placés entre novembre et mars, période de faible activité pour ce type de service.

Les règles de la convention collective nationale peuvent cependant être écartées par l'accord récent du 18-4-2002. L'article 10 de l'accord du 18-4-2002 applicable aux personnels des entreprises de transport routier de voyageurs pose notamment le principe d'un repos hebdomadaire de deux jours en moyenne sur l'année, l'une des journée pouvant être fractionnée en deux demi-journées. La même disposition tend par ailleurs à garantir chaque année aux conducteurs un certain nombre de dimanches non travaillés.

En matière de transport public urbain de voyageurs, le premier alinéa de l'article 9 du décret du 14-2-2000 fixe la durée minimale du repos hebdomadaire à trente-cinq heures, à l'issue d'une période maximale de six jours de travail. Les salariés doivent être informés au moins dix jours ouvrés à l'avance, à moins de circonstances exceptionnelles. Cependant :

- la période maximale de travail entre deux repos hebdomadaires peut être portée à sept jours par accord d'entreprise ou, en l'absence d'un tel accord, avec l'accord du salarié. Le motif d'un tel dépassement doit être le remplacement d'un salarié absent. Une « *compensation appropriée* » est accordée au salarié (art.9, al.2)

- le repos hebdomadaire peut être réduit par l'employeur à trente-quatre heures, dans le cas du passage d'un service de soirée à un service de matinée. Le repos hebdomadaire peut même être réduit à vingt-quatre heures consécutives, dès lors qu'un accord d'entreprise le prévoit. Dans ce cas, des périodes équivalentes de repos sont accordées au salarié dans les trois semaines civiles qui suivent celle durant laquelle le repos hebdomadaire s'est trouvé réduit. L'accord d'entreprise doit prévoir des contreparties équivalentes quand il est impossible d'octroyer ces repos. Une annexe à la feuille de paie doit retracer l'état des repos hebdomadaires déjà compensés ou en attente de l'être (art.9, al.3).

c) Les repos compensateurs et récupérateurs

Les repos compensateurs et les repos récupérateurs sont l'une des contreparties de la mise en œuvre d'heures supplémentaires. Les repos compensateurs sont issus de dispositions légales fixées au code du travail. Les repos récupérateurs sont des dispositions d'origine conventionnelle, décrites à l'accord « *grands routiers* » du 23-11-1994, applicable aux entreprises du TRM.

Le régime juridique des repos compensateurs et récupérateurs est similaire. Toutefois, le mécanisme conventionnel des repos récupérateurs peut, le cas échéant, trouver une application de préférence à celui des repos compensateurs quand il s'avère plus favorable pour les chauffeurs « *longue distance* » que le régime légal, et à condition que l'entreprise soit assujettie à l'accord « *grands routiers* », celui-ci n'ayant pas fait l'objet d'un arrêté d'extension. De la sorte, les repos récupérateurs sont susceptibles d'être mis en œuvre dans toutes les entreprises, quelle que soit leur taille, pourvu que l'accord de novembre 1994 trouve à s'appliquer. Par contre, les repos compensateurs ne sont pas applicables aux entreprises de vingt salariés au plus, quand les heures supplémentaires sont effectuées dans le cadre du contingent annuel d'heures supplémentaires que l'employeur est en droit de décider sans qu'une autorisation auprès de l'inspection du travail ne soit demandée (L.212-5-1 C. trav.).

Ce contingent annuel d'heures supplémentaires est fixé à cent quatre-vingts heures par salarié, quand il n'existe pas d'accord de modulation. Il est réduit à cent trente heures quand un accord de modulation permet notamment de faire varier la durée hebdomadaire du travail en deçà de trente et une heures et au delà de trente-neuf heures. Enfin, ce contingent peut être également fixé par une convention collective de branche étendue (loi n° 2003-47 du 17-1-2003 ; art. L.212-6 et D.212-25 C. trav.). Au delà du seuil des cent quatre-vingts heures ou des cent trente heures ou d'un seuil fixé par une convention collective de branche, outre l'exigence d'une autorisation administrative, toute heure supplémentaire donne immédiatement un droit à repos compensateur, quelle que soit l'entreprise.

Néanmoins, certaines conventions collectives dérogeaient au seuil légal avant même la réforme du 17-1-2003. De la sorte, l'article 314 de la convention collective des pompes funèbres fixe à deux cents heures ce contingent, pour les « *chauffeurs de route* ». De même, l'article 12 de la convention collective des transports routiers fixe le contingent annuel d'heures supplémentaires à cent quatre-vingt quinze heures pour le personnel roulant « *voyageurs* »,

« *marchandises* » et « *déménagement* ». Ce relèvement conventionnel du seuil des heures contingentées, antérieur à la loi du 17-1-2003 modifiant notamment les articles L.212-5-1 et L.212-6 C. trav., n'a cependant pas d'incidence en matière de calcul des repos compensateurs.

Le régime légal des repos compensateurs s'applique à l'ensemble des chauffeurs. Il s'applique évidemment aux conducteurs employés par les entreprises effectuant des transports pour compte propre. Il s'applique aux conducteurs travaillant dans les entreprises de transport routier de marchandises, le premier alinéa de l'article 5.4. du décret du 26-1-1983 indiquant que les « *heures supplémentaires ouvrent droit au repos compensateur obligatoire prévu par l'article L.212-5-1 du code du travail* ». Il s'applique également au secteur des transports routiers de personnes, en vertu de l'article 5 du décret du 2-12-2003. Il s'applique enfin dans les transports publics urbains de voyageurs, le décret n° 200-118 du 14-2-2000 renvoyant également au code du travail (art.11, al. 1er).

En outre, le décret du 22-12-2003 prévoit un mécanisme complémentaire, assimilable au repos compensateur, pour les conducteurs « *voyageurs* », lorsqu'il y a un dépassement de l'amplitude maximale de la journée de travail (art.7.VI).

Il faut cependant être attentif au fait que les mécanismes d'heures d'équivalence institués par le décret n°83-40 du 26-1-1983 reculent le seuil de mise en œuvre des heures supplémentaires et par là même le moment où les repos compensateurs vont pouvoir être décomptés.

Ainsi, dans les entreprises du TRM de plus de vingt salariés, en présence d'heures supplémentaires effectuées dans le cadre du contingent annuel :

- pour les chauffeurs « *grands routiers* », le droit au repos compensateur n'est décompté qu'au-delà de la 49ème heure
- pour les chauffeurs « *courte distance* », le droit au repos compensateur n'est décompté qu'au-delà de la 45ème heure

- pour les chauffeurs « *courte distance* » des secteurs de la messagerie et du convoyage de fonds, le droit au repos compensateur est décompté à partir de la 42ème heure.

Dans toutes les entreprises, les repos compensateurs sont dûs dès qu'apparaissent des heures supplémentaires quand elles sont effectuées au-delà du contingent annuel.

Cependant, dans le TRM :

- pour les chauffeurs « *grands routiers* », le droit au repos compensateur n'est décompté qu'au-delà de la 43ème heure
- pour les chauffeurs « *courte distance* », le droit au repos compensateur n'est décompté qu'au-delà de la 39ème heure
- pour les chauffeurs « *courte distance* » des secteurs de la messagerie et du convoyage de fonds, le droit au repos compensateur est décompté à partir de la 36ème heure.

d) Les congés payés

Les chauffeurs du secteur des transports routiers bénéficient, en matière de congés payés, du régime de droit commun. Cependant, l'article 7 de l'annexe 1 de la convention collective nationale des transports routiers et activités auxiliaires du transport du 21-12-1950 modifie ou précise sur quelques points le régime légal.

- Les congés payés peuvent être ainsi pris sur l'ensemble de l'année.
- Dérogeant à l'article L.223-8 C. trav., l'article 7 de l'annexe 1 de la convention collective stipule que le personnel ouvrier peut bénéficier, sur sa demande, « *d'au moins vingt-quatre jours ouvrables de congé au cours de la période allant du 1er juin au 31 octobre* ». La dérogation conventionnelle à la limite des vingt-quatre jours de repos continus fixée au premier alinéa de l'article L.223-8 C. trav. semble être la traduction de la disposition légale autorisant le dépassement d'un tel seuil quand le salarié justifie de « *contraintes géographiques particulières* ». En tout état de cause, si les conditions de l'exploitation l'exigent, le

congé d'été peut être fractionné en deux périodes de dix-huit et six jours.

- Il est dérogé à la période courant du 1er juin au 31 octobre, fixée à l'article 7, pour le personnel roulant des entreprises assurant principalement des services réguliers de transport en commun de voyageurs autres que des services de tourisme. La période d'été court alors du 15 avril au 15 novembre (art.20 de l'annexe 1). Pour les conducteurs habituellement affectés à un car effectuant un service de transport de tourisme, la période d'été va du 1er mars au 31 octobre. Au moins dix-huit jours ouvrables de congé continu leur sont accordés quand ils le demandent. En outre, ces personnels, sous réserve d'un an de présence continue dans l'entreprise au 31 mai, bénéficient d'une indemnité spéciale venant compenser l'allongement de la période de prise de congés payés ainsi qu'une présence courante au travail les dimanches et les jours fériés (art.20 et 21 de l'annexe 1). Cette indemnité, dite « *des 4/30ème* » est due même si, dans les faits, le conducteur ne travaille pas ces jours-là, dès lors qu'il n'est pas exclusivement affecté à des transports scolaires (▪ *cass. soc. 12-11-2002, Bull. V, n° 341).*

- Un accord relatif aux conditions spécifiques d'emploi des personnels des entreprises de déménagement stipule que la période d'été court du 1er mai au 31 octobre et que la fraction la plus longue du congé annuel est alors limitée à dix-huit jours ouvrables lorsque les conditions de l'exploitation l'exigent (art. V de l'accord du 3-6-1997).

- Pour l'attribution des jours de congé supplémentaires, lorsque le salarié prend une partie de ses vacances en dehors de la période d'été, il convient de se référer aux périodes fixées par voie conventionnelle et non à celle mentionnée à l'article L.223-8 C. trav. (1er mai au 31 octobre).

- Dans le cadre du titre IV de l'accord du 18-4-2002 relatif au travail à temps partiel et aux conducteurs en périodes scolaires, l'article 25 concernant les dispositions applicables aux « *conducteurs scolaires* » impose des congés payés hors périodes d'activité scolaire.

Par ailleurs, certaines entreprises du secteur des transports routiers doivent obligatoirement s'affilier à une caisse de congés payés (L.223-16 C. trav.) parce qu'elles emploient certains salariés de façon discontinue. Ainsi le salarié peut-il bénéficier d'un droit à congé bien qu'il ait fréquemment changé d'entreprises et ne possède donc pas l'ancienneté suffisante dans chacune d'entre elles pour jouir normalement de cet avantage.

Les entreprises visées par la nomenclature désignée à l'article D.741-1 C. trav. sont celles du transport routier de marchandises de proximité (INSEE n° 60-2L), du transport routier de marchandises interurbain (INSEE n° 60-2M), les entreprises de déménagement (INSEE n° 60-2N), les entreprises de location avec conducteur (INSEE n° 60-2P), les entreprises de messagerie et fret express (INSEE n° 63-4A), les entreprises d'organisation de transports internationaux (INSEE n° 63-4C). Les salariés concernés sont les travailleurs intermittents et ceux nouvellement embauchés n'ayant pas six mois d'ancienneté au 1er avril ou au 1er octobre (D.741-3 C. trav.). L'employeur, qui n'est pas tenu de déclarer le personnel administratif, peut ne pas déclarer le personnel ouvrier, tels les chauffeurs, dès lors qu'un contrat à durée déterminée a été conclu pour une année au minimum et qu'il a acquis une date certaine par enregistrement.

Le point de départ de la période de référence pour le calcul du droit au congé est alors ramené du 1er juin au 1er avril de chaque année (R.223-1 C. trav.). La durée du travail effectuée par le salarié auprès de différentes entreprises s'évalue en jours, pour le calcul des droits à congé. Dans ce cas, l'article D.741-5 C. trav. dispose que dix-sept journées de travail effectif sont considérées comme équivalentes à un mois pour la détermination de la durée du congé de ces travailleurs. Enfin, en cas de résiliation du contrat de travail, et quelle qu'en soit la cause, un certificat justificatif des droits à congé payé doit être délivré au salarié par l'employeur (R.223-2 C. trav.).

e) Les congés de fin d'activité

Dans le cadre d'une politique de l'emploi, les partenaires sociaux ont conclu en 1995 et 1996 une suite d'accords interprofessionnels permettant à certains salariés ayant atteint l'âge de cinquante-huit ans de cesser toute activité professionnelle, anticipant ainsi le moment du départ à la retraite. Le salarié perçoit alors une « *allocation de remplacement pour l'emploi* » (ARPE) tandis que l'employeur effectue une embauche pour compenser le départ de ce salarié. L'ensemble des salariés peut bénéficier de ce congé de fin d'activité qui précède donc la liquidation des droits à une pension de retraite. Les chauffeurs peuvent bien entendu bénéficier de ce régime de droit commun, pourvu qu'un accord sur le départ du travailleur soit trouvé entre l'employeur et le salarié.

Il existe cependant un accord sur le congé de fin d'activité (CFA) des conducteurs routiers de transport de marchandises et de transport de déménagement dont le principe fut acquis par le protocole d'accord du 29-11-1996, la convention définitive étant conclue le 28-3-1997. Un accord similaire a été conclu le 2-4-1998 dans le secteur du transport interurbain de voyageurs. Le départ en congé de fin d'activité du conducteur, qui ne nécessite pas l'accord de l'employeur, est possible si le salarié occupe effectivement un emploi de conduite dans l'entreprise de transport et qu'il a exercé un tel métier durant au moins vingt-cinq ans, de façon continue ou non, à la conduite de véhicules d'au moins 3,5 tonnes de PTAC. Cependant, la condition d'exercice au métier de la conduite est de trente ans dans le CFA voyageurs.

Le conducteur doit être âgé d'au moins cinquante-cinq ans (art.I.1. de l'accord du 28-3-1997, art.2 de l'accord du 2-4-1998). Il faut cependant noter que les anciens conducteurs déclarés inaptes à la conduite à la suite d'un accident du travail survenu dans l'exercice de leur métier peuvent également bénéficier d'un congé CFA (art.I.3. de l'accord de 1997 ; cf. également l'art.3 de l'accord de 1998). Par ailleurs, peuvent être prises en compte, dans certaines conditions, les années passées à des activités de convoyeurs de fonds ou à des activités de conducteurs interurbains de voyageurs (art.I.2. de l'accord de 1997) ou à des activités de conducteurs « *marchandises* » pour ceux entrant dans le cadre du CFA voyageurs (art.10 de l'accord de 1998).

Le salarié qui souhaite bénéficier d'un congé CFA doit s'adresser à l'organisme gestionnaire du régime (le FONGECFA

Transport ou Voyageurs). Si sa demande est acceptée par le FONGECFA, le salarié en informe son employeur par lettre recommandée avec accusé de réception. Cette décision « *s'analyse en une démission* ». Cependant, le salarié bénéficie d'une indemnité de cessation d'activité dont le montant varie selon l'ancienneté dans l'entreprise. Le bénéficiaire du CFA perçoit une allocation d'un montant égal à 75% de son salaire brut annuel, calculée sur la base des douze derniers mois précédant la date du dépôt de son dossier auprès de l'organisme gestionnaire. L'employeur doit procéder à l'embauche prioritaire d'un salarié de moins de trente ans ou, à défaut, d'un conducteur, quel que soit son âge, afin de compenser le départ du chauffeur.

Dans le secteur du transport urbain de voyageurs, un accord conclu le 23-4-1996 (étendu par arrêté du 18-10-1996, JO du 29/10) permet également une cessation anticipée d'activité.

§ 2. La rémunération du travail

Les règles applicables à la rémunération des chauffeurs routiers sont celles du droit commun. Les chauffeurs routiers salariés sont pour la plupart mensualisés. Par ailleurs, la mise en œuvre des règles en matière de rémunération s'effectue compte tenu de la réglementation particulière sur la durée du travail (notamment, les heures d'équivalence applicables à certains chauffeurs) et en fonction des dispositions conventionnelles s'ajoutant à celles de la loi. Il a été de plus jugé que la recommandation d'un groupement patronal, décidant unilatéralement du versement d'une indemnité au bénéfice de chauffeurs, peut avoir un caractère obligatoire envers les adhérents de ce groupement (▪ *cass. soc. 29-6-1999, Bull. V, n° 308 ; BTL 1999, p.515)*.

L'importance des dispositions conventionnelles conduit à présenter, à la suite de quelques principes généraux, les règles applicables au secteur du TRM, à celui du transport interurbain de voyageurs et à celui du transport urbain de voyageurs. Dans les transports pour compte propre, rappelons que les chauffeurs bénéficient des dispositions de la convention collective dont ils dépendent. En l'occurrence, certains secteurs d'activité emploient un grand nombre de conducteurs. Quelques conventions collectives de branche définissent encore différents emplois liés à la conduite et leur assignent des « *minima conventionnels* » en matière de rémunération (ex. : le secteur privé hospitalier...). Mais généralement, les conventions collectives de branche ne fondent plus les classifications sur les métiers mais, plus globalement, sur un niveau de compétence et d'aptitudes (secteur de la métallurgie, secteur des travaux publics, des pompes funèbres...) ne faisant plus apparaître l'activité de chauffeur, en tant que telle.

A. Dispositions générales

L'alinéa 4 de l'article 9 de la LOTI (loi du 30-12-1982) dispose qu'est « *nulle de plein droit, dans les contrats de transport et dans les contrats de travail, toute clause de rémunération principale ou accessoire de nature à compromettre la sécurité, notamment par l'incitation directe ou indirecte au dépassement de la durée du travail et des temps de conduite autorisés* ». Cette disposition s'applique à l'ensemble des chauffeurs, qu'ils soient salariés ou travailleurs indépendants, qu'ils travaillent dans le secteur des transports publics ou soient employés dans une entreprise effectuant des transports en compte propre, qu'il s'agisse de transport de voyageurs ou de transport de marchandises. Règle visant à la sécurité routière, elle a également vocation à s'appliquer à l'ensemble des chauffeurs routiers étrangers circulant en France.

L'article 6 de la LOTI dispose par ailleurs que « *les conditions dans lesquelles sont exécutées les opérations de transport public* (...) *permettent une juste rémunération du transporteur assurant la couverture des coûts réels du service rendu dans des conditions normales d'organisation et de productivité* », ce qui concerne directement la situation des artisans chauffeurs.

A l'adresse des salariés du secteur des transports publics par route, l'article 14 de l'annexe n°1 de la convention collective nationale des transports routiers proscrit de la même façon une telle clause. Enfin, l'article 10 du règlement européen n° 3820/85 du 20-12-1985 indique qu'il « *est interdit de rémunérer, même par l'octroi de primes ou de majorations de salaire, les conducteurs salariés en fonction des distances parcourues et/ou du volume des marchandises transportées, à moins que ces rémunérations ne soient pas de nature à compromettre la sécurité routière* ». En application de ces règles, il a été ainsi jugé qu'une prime proportionnelle au chiffre d'affaires réalisé par les chauffeurs était illicite (▪ *cass. soc. 21-5-1997, Bull. V, n°183 ; BTL 1997, p.537)*, de même qu'une prime selon le kilométrage parcouru (▪ *cass. soc. 13-3-2002, BTL 2002, p.238*).

En conséquence, certains modes de rémunération admis par la convention collective des transports routiers ne peuvent être mis en œuvre sans qu'ils ne soient adaptés à l'interdiction générale d'une rémunération incitant au non respect des règles sociales ou de sécurité routière. Il en est ainsi des rémunérations au rendement prévues à l'article 25 § 6 de l'annexe 1 de la convention collective nationale des transports routiers, ainsi que celles en fonction d'un pourcentage sur les recettes prévues à l'article 22 § 5 de la même annexe pour les conducteurs de voitures particulières affectés à un service de grande remise.

Enfin, les conventions de forfait, permettant de fixer à l'avance une durée normale du travail supérieure à la durée légale, ne semblent plus pouvoir être acceptées sans d'importantes restrictions. En effet, la loi n° 2000-37 du 19-1-2000 n'admet pour l'essentiel de telles conventions que pour les cadres. L'article L.212-15-3-II C. trav. retient cependant la possibilité d'une convention de forfait pour « *les salariés itinérants non cadres dont la durée du temps de travail ne peut être déterminée et qui disposent d'une réelle autonomie dans l'organisation de leur emploi du temps pour l'exercice des responsabilités qui leur sont confiées* ». Une telle description peut convenir à certains chauffeurs routiers. Dans ce cas, une convention de forfait est envisageable, à condition qu'elle soit déterminée en heures et sur l'année et que le principe de son existence, ainsi que certaines modalités de sa mise en œuvre, soient fixés par une convention ou un accord collectif n'ayant pas fait l'objet d'une opposition en application de l'article L.132-26 C. trav. (avant les réformes de janvier 2000, sur l'acceptation de conventions de forfait sur la base du contrat de travail : ▪ *cass. soc. 1-3-1995, BTL 1995, p.188)*.

B. Le secteur d'activité du TRM

La convention collective nationale des transports routiers et des activités auxiliaires du transport fixe, en fonction de l'emploi occupé par le chauffeur, une liste de coefficients (115M, 118M... 150M, pour le transport routier de marchandises) qui détermine le salaire minimum que doit percevoir le salarié. Les minima, fixés successivement selon différents barèmes (Rémunération Globale Garantie, Rémunération Mensuelle Professionnelle Garantie et, enfin, Salaire Mensuel Professionnel Garanti) évoluent avec l'ancienneté dans l'entreprise :

- après deux années d'ancienneté dans l'entreprise : 2 % d'augmentation
- après cinq années d'ancienneté dans l'entreprise : 4 % d'augmentation
- après dix années d'ancienneté dans l'entreprise : 6 % d'augmentation
- après quinze années d'ancienneté dans l'entreprise : 8 % d'augmentation.

Il s'agit de majorations de la rémunération globale et non de primes (▪ *cass. soc. 4-12-1996, Bull. V, n° 417).*

Le « *salaire mensuel professionnel garanti* » est actuellement le barème en vigueur (accord du 7-11-1997). Il exclut toutes les primes, indemnités et gratifications de l'assiette nécessaire à son calcul (art.2.1.2. -b- de l'accord). Il fixe donc un salaire de base. Le SMPG est doublé d'une « *garantie annuelle de rémunération* » dont l'assiette est formée de tous les éléments de rémunération assujettis aux cotisations de sécurité sociale et apparaissant au bulletin de salaire.

Par ailleurs, les chauffeurs « *grands routiers* » des entreprises de transport et de déménagement bénéficient d'une « *garantie minimale de rémunération de l'amplitude mensuelle* », en vertu d'un accord du 12-11-1998, conclu à la suite de l'annulation par le conseil d'Etat du décret n° 96-1115 du 19-12-1996 qui fixait unilatéralement des dispositions similaires, ce que le ministère n'était pas en droit de faire *(▪ Cons. d'Et. 5-10-1998, BTL 1998, p.723).* Selon l'article 3 de cet accord, « *la rémunération mensuelle des personnels* (roulants) *ne saurait être inférieure à 75% des durées des amplitudes journalières cumulées au cours du mois considéré* ». Aussi, lorsque l'amplitude journalière moyenne de travail est telle que plus de 25 % de celle-ci s'effectue sous forme de pauses (repas, coupures...), une partie du temps non travaillé se trouve rémunérée.

La mise en œuvre de cette disposition nécessite que soit comparés les temps de service du chauffeur sur le mois avec le pourcentage résultant des amplitudes journalières cumulées. Mais, ce faisant, ce mécanisme conduit à soustraire d'autant plus d'heures sur le mois que le cumul des amplitudes journalières de travail est important. Par exemple, pour trois cents heures d'amplitudes journalières cumulées de travail sur le mois, le calcul du pourcentage fixé à l'article 3 de l'accord (deux cent vingt-cinq heures, soit 75 % de trois cents heures) entraîne la soustraction de soixante-quinze heures. Aussi, afin d'éviter que le résultat de ce pourcentage ne vienne, en valeur absolue, trop réduire la durée assise sur les temps cumulés d'amplitude journalière de travail, l'accord du 12-11-1998 pose un butoir. Le pourcentage ainsi calculé « *ne peut conduire au cours du mois considéré à diminuer de plus de soixante-trois heures les durées des amplitudes journalières cumulées au cours du même mois* » (art.3).

Bien entendu, le salaire de base va se trouver majoré en présence d'heures supplémentaires. Les majorations sont en principe celles de droit commun (art. L.212-5 C. trav.). Il faut toutefois rappeler que, pour nombre de chauffeurs, les heures supplémentaires n'apparaissent pas dès la 36ème heure de travail hebdomadaire, du fait de l'existence d'heures d'équivalence (cf. *supra*, § 1, B, 1, a). Dans le même temps, l'incidence des heures d'équivalence sur la rémunération des chauffeurs, ainsi que les bonifications prévues par la loi en matière d'heures supplémentaires, se trouvent modifiées par l'existence d'un accord collectif qui stipule le principe d'une rémunération avec majoration à partir de la 36ème heure.

Pour les conducteurs « *longue distance* », les heures supplémentaires n'apparaissent qu'à la 44ème heure ou à la 187ème heure, quand la durée hebdomadaire du travail est calculée sur une période supérieure à la semaine, en vertu des dispositions de l'article 4.3. du décret du 26-1-1983. Pour les chauffeurs « *courte distance* », ces heures supplémentaires n'apparaissent qu'à la 40ème heure ou à la 170ème heure, quand la durée hebdomadaire du travail est calculée sur une période supérieure à la semaine. Finalement, seuls les chauffeurs « *courte distance* » des secteurs de la messagerie et du transport de fonds suivent le droit commun, en l'absence d'heures d'équivalence.

Les heures d'équivalence ne sont pas, en principe, rémunérées puisque le temps de travail se trouve, en quelque sorte, effacé par l'équivalence posée. Aussi, annulant certaines dispositions du décret n° 2000-69 du 27-1-2000, le conseil d'Etat a précisément rappelé qu'une rémunération des périodes d'équivalence ne pouvait être fixée par la voie réglementaire (▪ *Cons. d'Et. 30-11-2001, BTL, 2001, p.836)*. C'est pourquoi, le décret n°2002-622 du 25-4-2002, modifiant le décret du 26-1-1983, renvoie à la convention collective tandis qu'un accord a été conclu sur cette question dès le 23 avril 2002 (arr. d'extension du 21-10-2002, JO du 14/11).

L'accord du 23-4-2002 stipule que, pour l'ensemble des chauffeurs et à l'exception des conducteurs de messageries et des convoyeurs de fonds, une majoration de salaire de 25% leur est accordée de la 36ème heure à la 43ème heure, ou de la 153ème heure à la 186ème heure quand le décompte se fait sur le mois. La majoration de salaire est de 50 % au delà de la 43ème heure ou de la 186ème heure. Ces majorations sont mises en œuvre, que le chauffeur se trouve dans le cadre des heures d'équivalence ou des heures supplémentaires.

Dans le TRM, il convient d'ajouter de nombreuses primes ainsi que d'autres majorations liées à diverses circonstances.

- Un accord du 14-11-2001 prévoit une prime horaire égale à 20% du taux horaire conventionnel à l'embauche applicable au coefficient 150 M, en cas de travail de nuit (21 H.-6 H.). Cette prime doit être intégrée dans l'assiette de calcul des bonifications pour heures supplémentaires. Un repos compensateur spécifique, égal à 5% de la durée du travail de nuit s'ajoute à cette prime.

- En cas de jours fériés travaillés, le personnel roulant bénéficie d'une « *indemnité complémentaire* », dès lors qu'il a plus d'une année d'ancienneté dans l'entreprise. Cette indemnité est également due pour certains jours fériés travaillés (en principe : lundi de Pâques, lundi de Pentecôte, Fête nationale, Toussaint, Noël), dès lors que le salarié a plus de six mois d'ancienneté. Cette indemnité est calculée en faisant application des dispositions légales relatives au paiement du 1er mai travaillé (art. 7 ter de l'annexe 1 de la convention collective nationale des transports routiers). L'indemnité est donc égale à 100 % de la rémunération due ces jours-là.

- Les salariés ayant une année d'ancienneté bénéficient également du paiement des jours fériés légaux, sous réserve d'avoir travaillés normalement les jours ouvrés précédant et suivant immédiatement chaque jour férié considéré. Cette indemnité est due même si ce jour férié se déroule le jour d'un repos hebdomadaire (▪ *cass. soc. 26-1-1989, BT 1990, p.150* ▪ *cass. soc. 27-11-1990, Bull. V, n° 595* ▪ *cass. soc. 15-6-1999, Bull. V, n° 285).* Certaines périodes de congés ou d'arrêt de travail sont assimilées à des journées de travail (art . 7 bis de l'annexe 1). Dès lors que le salarié a entre six mois et une année d'ancienneté, seuls certains jours fériés chômés autorisent une telle rémunération. Cette indemnité est égale à la rémunération qu'aurait perçue l'ouvrier s'il avait travaillé effectivement ce jour-là.

- Les chauffeurs ayant moins de six mois d'ancienneté touchent également une indemnité forfaitaire quand ils travaillent durant l'un des jours fériés légaux (art. 7 ter -a-).

- En vertu de l'article 7 quater de l'annexe 1, en présence d'un dimanche travaillé, les salariés, quelle que soit leur ancienneté, bénéficient d'une indemnité forfaitaire dont le montant varie en fonction du temps travaillé ce jour-là (trois heures ou plus de trois heures). Cette indemnité est due, combien même le conducteur bénéficierait d'une clause contractuelle de forfait et ne procéderait qu'à des tâches sédentaires (▪ *cass. soc. 23-11-1994, Bull. V, n° 310).*

- En cas d'arrêt de travail consécutif à des intempéries constatées par les services d'une direction départementale de l'équipement, le chauffeur contraint de rester avec son véhicule immobilisé, lors d'un voyage, a droit au maintien de sa rémunération. De plus, si l'employeur est alors dans l'incapacité de faire circuler ses véhicules, le conducteur a droit à une indemnité correspondant à la rémunération de huit heures de travail effectif. Mais les heures ainsi indemnisées ne sont pas décomptées comme un temps de travail effectif. Enfin, cette indemnité n'est due que si le salarié n'a pas de droits acquis à faire valoir en matière de repos compensateur (art.10 bis de l'annexe 1).

C. Les transports interurbains de voyageurs

La convention collective des transports routiers et des activités auxiliaires du transport fixe également des minima conventionnels pour les conducteurs assurant des transports de voyageurs, indépendamment des transports urbains sur lignes régulières. Le barème en vigueur a longtemps été l'ancienne « *Rémunération Globale Garantie* ». De nouveaux barèmes ont été fixés par l'accord du 18-4-2002, qui prévoit en outre un treizième mois.

L'assiette de la RGG comprend non seulement le salaire de base, mais également les éléments de rémunération assujettis aux charges sociales. L'accord du 18-4-2002 met en place un « *Taux Horaire Minimal Garanti* », ainsi qu'un treizième mois. Le THMG remplace la RGG là où l'accord du 18-4-2002 est susceptible de s'appliquer. Son assiette ne comprend pas les indemnités, à moins qu'il ne s'agisse des indemnités différentielles versées au titre de la mise en œuvre de la RTT (réduction du temps de travail). Les majorations pour heures supplémentaires sont celles fixées par le code du travail.

L'article 7.3. de l'accord du 18-4-2002 abroge en principe les dispositions de l'article 17.2 de l'annexe 1 de la convention collective nationale des transports routiers. Cette disposition prévoyait l'indemnisation des amplitudes journalières de travail du personnel roulant « *voyageurs* ». Outre le paiement des heures de travail, la rémunération effective du personnel roulant ne pouvait être inférieure à 25 % des amplitudes décomptées quotidiennement, dans la limite de douze heures, et après déduction des temps ayant donné lieu à rémunération (temps de travail effectif) ainsi que d'une durée forfaitaire de deux heures au titre des repas et des pauses.

Cependant, l'article 7.V. du décret du 22-12-2003 stipule que les « *dépassements d'amplitude* » font l'objet de compensations pouvant prendre la forme d'une majoration de salaire ou de repos compensateurs devant être pris par journée entière (réputée correspondre à sept heures de repos) dans un délai de deux mois. Cette disposition réglementaire précise que, « *en l'absence de convention ou d'accord collectif étendu* », la compensation ne peut être inférieure à 75 % des amplitudes décomptées quotidiennement de douze à treize heures, ni inférieure à 100 % des amplitudes décomptées quotidiennement de treize à quatorze heures.

L'article 7.V. du décret de décembre 2003 reprend ainsi certaines des dispositions existantes à l'ancien article 17.2. de l'annexe 1 de la convention collective des transports routiers. La convention collective posait d'ailleurs certaines conditions d'application (art.17.2., al.4) à l'indemnisation de l'amplitude de travail que ni le décret du 26-1-1983 ni celui du 22-12-2003 ne fixent et il avait été jugé que ces conditions restrictives d'application étaient illicites au regard du décret du 26-1-2003 à l'époque où il s'appliquait également aux entreprises de transport routier de voyageurs (▪ *cass. soc. 2-5-2000, Bull. V, n° 161).*

Mais l'accord du 18-4-2002 (et l'avenant du 12-5-2003) modifie sensiblement les dispositions fixées à l'article 7.V. du décret du 22-12-2003.

Premièrement, il a été décidé que l'indemnisation des dépassements d'amplitude était ramenée à 65% des amplitudes décomptées entre douze et quatorze heures (avenant du 12-5-2003). En second lieu, une rémunération spécifique des « *coupures comprises entre deux vacations* » est mise en place lorsque le personnel roulant les effectue à l'extérieur de son domicile. Il y a une indemnisation à 25 % du temps correspondant quand la coupure est effectuée dans un dépôt aménagé dédié aux conducteurs, et cette indemnisation est portée à 50% du temps correspondant quand la coupure est effectuée dans tout autre lieu extérieur (art.7.3. de l'accord du 18-4-2002).

Par contre, des dispositions tout à fait similaires à l'article 7.V. du décret du 22-12-2003 existent à l'article 2.b de l'accord du 4-5-2000 sur l'aménagement du temps de travail dans les entreprises de transport sanitaire puisqu'une « *indemnité de dépassement d'amplitude journalière* » doit être versée au salarié quand l'amplitude journalière de travail dépasse douze heures, celle-ci correspondant à la durée du dépassement constaté prise en compte pour 75 % de douze à treize heures, puis pour 100% au delà.

Notons par ailleurs que l'accord du 18-4-2002 applicable aux personnels des transports interurbains de voyageurs stipule que, en cas de double équipage, le temps de trajet non consacré à la conduite par l'un des conducteurs est rémunéré pour 100 % même s'il n'est pris en compte qu'à 50 % au titre du temps de travail effectif (art.4.4).

Le personnel roulant « *voyageurs* » bénéficie aussi de certains des avantages conventionnels décrits précédemment pour les chauffeurs du TRM, ces avantages étant communs à l'ensemble des personnels roulants. Il existe ainsi de façon identique des majorations en fonction de l'ancienneté du salarié dans l'entreprise. De même, les dispositions des articles 7 bis et suivant de l'annexe 1 de la convention collective nationale des transports routiers, en matière de dimanches et jours fériés, travaillés ou non, sont applicables aux conducteurs voyageurs. Enfin, s'appliquent à ces chauffeurs les dispositions de l'article 10 bis de l'annexe 1, en cas d'arrêts de travail consécutifs à des intempéries.

D. Les transports urbains de voyageurs

La convention collective nationale des transports publics urbains du 11-4-1986 (étendue par un arrêté du 25-1-1993) distingue, parmi le personnel des entreprises de transport public urbain, les « *stagiaires* » des « *titulaires* ». Les stagiaires sont en réalité des « *agents* » nouvellement embauchés et soumis à une période d'essai pouvant durer douze mois et conditionnée, en cas de rupture à l'initiative de l'employeur, à un préavis (de huit jours à un mois, selon que la rupture intervient avant ou après six mois de « *stage* »).

Cette convention collective prévoit, de manière tout à fait classique, des salaires minima en fonction de coefficients (qu'il est nécessaire de multiplier à la « *valeur du point* ») correspondant à une classification par métier. Les chauffeurs routiers se trouvent ainsi placés à différents coefficients, en fonction notamment de la polyvalence des tâches qu'ils sont amenés à exercer (conducteur avec receveur, conducteur agent seul, conducteur receveur, chef conducteur...). Ils bénéficient, comme les autres personnels des entreprises de ce secteur, d'une prime d'ancienneté se présentant sous la forme d'une majoration appliquée au salaire de base à l'embauche de l'emploi (art.21). En vertu de l'article 32 de la convention collective, en cas de jour férié travaillé ou lorsque ce jour coïncide avec un jour de repos hebdomadaire autre que le dimanche, le salarié a le droit à une indemnité complémentaire égale au paiement du salaire d'une journée (à moins qu'il ne lui soit attribué un jour de congé supplémentaire).

Il est accordé des cartes de circulation gratuite sur le réseau de l'entreprise aux conjoints des agents titulaires, aux agents retraités, préretraités ou invalides (ne travaillant pas), lorsqu'ils ont atteint une ancienneté de quinze ans dans l'entreprise. Il est encore accordé des facilités de circulation aux conjoints d'agents retraités ou invalides, ainsi qu'aux veuves et veufs d'agents, de même qu'une réduction de 75 % est prévue, sous certaines conditions, aux enfants d'agents (art.25 et 26). Peut-être parce que l'usage l'admet souvent, on remarquera que la convention collective reste silencieuse sur les facilités de circulation accordées aux agents de l'entreprise quand ils ne sont pas précisément au travail.

§ 3. Le remboursement des frais professionnels

Les chauffeurs doivent faire face à différents frais lors de leurs déplacements (repas, hôtellerie...) mais il n'existe aucune obligation légale qui en impose le remboursement au salarié. Il serait cependant inéquitable que le travailleur, obligé de répondre aux ordres de son employeur, supporte des dépenses dont certaines participent manifestement à la réalisation de la prestation (péages...). Aussi, en pratique, l'employeur est amené à rembourser au salarié les frais qu'il a engagés à l'occasion de son activité professionnelle. Néanmoins, si le remboursement opéré ne correspond pas strictement aux frais engagés, les sommes perçues par le salarié peuvent être considérées comme un complément de salaires assujetti aux cotisations sociales et soumis à l'impôt sur le revenu. Un arrêté du 26-5-1975, puis un arrêté du 20-12-2002 (JO du

27/12) fixent donc dans quelles conditions les sommes perçues sont en droit d'être exonérées des cotisations de sécurité sociale.

Deux solutions existent pour le remboursement de tels frais. Soit le salarié garde le justificatif de l'ensemble des dépenses qu'il a dû supporter et se fait rembourser par l'employeur de la somme exacte qu'il a précédemment déboursée. Dans ce cas, les sommes perçues ne peuvent être assimilées à une rémunération, à moins qu'en réalité elles ne correspondent à aucune sujétion liée à l'emploi. Soit il est prévu que l'employeur versera une somme forfaitaire au salarié, supposée couvrir les frais qu'il a engagés, auquel cas ces remboursements peuvent apparaître comme un salaire quand ils sont sans rapport avec le montant des frais engagés.

Dans le secteur des transports routiers, la seconde solution prédomine largement. En pratique, le remboursement forfaitaire des frais professionnels est perçu par beaucoup d'employeurs et de chauffeurs, notamment dans le TRM, comme assurant un complément de rémunération. D'un point de vue juridique, l'article 10 de l'annexe 1 de la convention collective nationale des transports routiers stipule qu'un protocole joint « *fixe les conditions dans lesquelles devront être remboursés les frais de déplacement des ouvriers* ». Le protocole du 30-4-1974, plusieurs fois remanié, définit ainsi différentes indemnités forfaitaires. Celles-ci ne sont cependant pas dues ou peuvent être réduites quand l'employeur prend en charge, sous quelque forme que ce soit, les frais correspondant au logement ou à la nourriture. Seuls les frais de péages sont en principe pris en charge par l'entreprise sur présentation de justificatifs (art.14 ter).

Pour le transport routier de marchandises, quand « *un ouvrier* » effectue des déplacements, le protocole distingue l'indemnité de repas (l'art.3), l'indemnité de repas unique qui ne concerne que la zone de camionnage autour de Paris (art.4), l'indemnité de casse-croûte (art.5) et l'indemnité de grand déplacement (art.6). Mais il existe également une « *indemnité spéciale* », lorsqu'un ouvrier se trouve au travail, soit entre 11 H. et 14 H.30, soit entre 18 H.30 et 22 H., sans bénéficier d'une coupure d'au moins une heure durant ces périodes, et indépendamment de tout déplacement (art.7). Il y a enfin une indemnité pour service de nuit lorsque l'ouvrier, en déplacement ou non, travaille au moins quatre heures entre 22 heures et 7 heures (art.12).

L'indemnité de repas est due dès lors que le personnel ouvrier se trouve obligé de prendre un ou plusieurs repas hors de son lieu de travail. De plus, « *est réputé obligé de prendre son repas hors du lieu de travail le personnel qui effectue un service dont l'amplitude couvre entièrement les périodes comprises soit entre 11 H. 45 et 14 H.15, soit entre 18 H.45 et 21 H.15* » (art.3, al.2).

L'indemnité de casse-croûte est due quand le personnel ouvrier prend son service avant cinq heures du matin, en raison d'un déplacement. Cette indemnité n'est pas cumulable avec l'indemnité de grand déplacement ni avec l'indemnité pour service de nuit.

L'indemnité de grand déplacement est la conjugaison d'une ou deux indemnités de repas (art.3) et d'une indemnité de découcher lorsque, en raison d'un déplacement, l'ouvrier se trouve dans l'impossibilité de regagner son domicile pour y prendre son repos journalier.

Pour le transport routier de voyageurs, quand le personnel concerné par la convention collective des transports routiers se trouve en déplacement, le protocole distingue une « *indemnité de repas unique* » pouvant être remplacée par une « *indemnité de repas* » ou une « *indemnité spéciale* » (art.8), ainsi qu'une « *indemnité de chambre et petit déjeuner* » ou seulement de petit déjeuner (art.10). L'indemnité pour service de nuit est également applicable aux personnels des entreprises de transport de voyageurs.

L'indemnité de repas unique « *voyageurs* » est due au personnel en déplacement pour les raisons du service quand il se trouve obligé de prendre un repas hors de son lieu de travail et à condition que l'amplitude de la journée de travail couvre intégralement la période allant de 11 H. à 14 H.30 ou allant de 18 H.30 à 22 H. Cette indemnité se trouve remplacée par celle de repas, dont le taux est plus élevé, quand le personnel n'a pas été averti au plus tard la veille à midi d'un déplacement inhabituel. L'indemnité de repas est également due quand le personnel termine après 21 H.30, « *par suite d'un dépassement de l'horaire régulier* ».

L'indemnité spéciale est due quand le personnel, « *sur son lieu de travail* », dispose d'une coupure d'une durée ininterrompue d'au moins une heure, dont une fraction égale au moins à trente minutes est comprise soit entre 11 H. et 14 H.30, soit entre 18 H.30 et 22 H.

L'indemnité de repas (qu'il ne faut pas confondre avec celle de « *repas unique* ») est due à chaque fois que le personnel est obligé de prendre ce repas hors de son lieu de travail et que deux repas consécutifs ont ainsi lieu. Une fin de service après 22 heures fait présumer l'existence de deux repas consécutifs (art.9). Cette indemnité est également due quand il y a un découcher, pour chaque repas, indépendamment du petit déjeuner.

Les conducteurs « *grand tourisme* » obligés de passer une nuit et, s'il a lieu, de prendre un ou deux repas hors de leur domicile, perçoivent une indemnité de repos journalier indépendamment des indemnités de repas (art.11).

Le protocole de 1974 précise par ailleurs que des avances sur les frais à engager sont consenties aux salariés. Il indique enfin que la couchette du véhicule n'est pas assimilée à un logement (art.14), que donc les indemnités de découcher sont dues même si le personnel roulant utilise celle-ci plutôt que d'utiliser des prestations hôtelières. La jurisprudence décide d'ailleurs que la mise à disposition par l'employeur d'une cabine munie d'un chauffage indépendant ne peut être assimilée à une prise en charge des frais de déplacement, qui restent donc dus intégralement au conducteur (• *cass. soc. 23-11-1994, Bull. V, n° 310).*

2

Le conducteur professionnel et la sécurité routière

Travailleur itinérant dont l'activité professionnelle se déroule principalement sur le domaine public, le chauffeur routier partage l'utilisation de la voirie routière avec beaucoup d'autres usagers. Les chauffeurs routiers sont donc soumis aux risques de la circulation routière. Ces risques, tout à fait spécifiques, peuvent évidemment leur causer un préjudice personnel. Mais surtout, le chauffeur routier peut être impliqué dans des accidents de la circulation préjudiciables à l'égard des tiers (automobilistes, piétons, riverains...), des expéditeurs leur confiant une marchandise et des voyageurs qu'ils ont, le cas échéant, la mission de transporter.

Ces risques, l'ensemble des chauffeurs routiers les subissent ou sont dans la situation de les faire supporter à d'autres. Aussi, l'article 1er de l'ordonnance n° 58-1310 du 23-12-1958 (notamment modifiée par les lois n° 98-69 du 6-2-1998 et n° 99-505 du 18-6-1999) dispose qu'en vue « *d'assurer la sécurité de la circulation routière, la conduite et l'exploitation de tous véhicules de transports routiers de voyageurs ou de marchandises, publics ou privés, sont soumises à des conditions relatives :*

1° A la durée du travail et notamment à la répartition des périodes de travail et de repos ;

2° Aux conditions spéciales du travail et notamment au nombre des conducteurs ainsi qu'aux règles particulières concernant l'hygiène et la sécurité ;

3° Aux moyens de contrôle, documents et dispositifs qui doivent être utilisés ;

4° A la formation professionnelle initiale et continue des conducteurs ».

Chose remarquable, en vue d'assurer une meilleure sécurité routière, un droit professionnel commun à la plupart des chauffeurs routiers se met donc progressivement en place, dont le contenu rejoint celui de certaines normes sociales applicables aux seuls salariés. Il en est notamment ainsi de la formation professionnelle des chauffeurs routiers (section 1) et des règles communautaires relatives aux temps de travail, de conduite et de repos (section 2). La sécurité routière est donc la source de règles protectrices des conditions de travail du chauffeur, ce qui justifie qu'on la présente souvent comme une réglementation « *sociale* ».

A l'inverse, le droit du travail applicable aux salariés du secteur des transports routiers tend aujourd'hui à être perçu comme un instrument de la sécurité routière. Cette orientation explique en partie que la directive n° 2002/15/CE du 11-3-2002 sur la durée du travail s'appliquera à terme aux chauffeurs non salariés. Caractéristique également de cette tendance est la transposition du décret n° 92-699 du 23-7-1992 (dit de « *coresponsabilité pénale* ») dans le code de la route. De cette façon, c'est au nom de la sécurité routière que l'irrespect de certaines dispositions du décret du 26-1-1983 ou du code du travail, par l'employeur ou un donneur d'ordre, se trouve incriminé (cf. *supra*, première Partie, Section 2, § 1, introduction).

D'ailleurs, puisque le respect des règles en matière de conditions de travail participe à une meilleure sécurité routière, il apparaît que l'application de cette législation n'est pas seulement un droit pour les chauffeurs routiers, mais qu'elle est également une source d'obligations pouvant leur être directement opposables. De la sorte, l'alinéa deux de l'article R.221-1 C. route dispose que « *la possession du permis de conduire ne dispense pas son titulaire du respect des dispositions prises en ce qui concerne les conditions de travail dans les transports en vue de la sécurité routière* ».

Cependant, se pose la question de la possible responsabilité de l'employeur ou du commettant quand le chauffeur enfreint les règles de la sécurité routière. C'est pourquoi la loi et la jurisprudence ont dû préciser la responsabilité de chacun en cas d'infraction à ces règles (section 3). Enfin, plus globalement, des normes conventionnelles tendent à mieux protéger le chauffeur salarié des risques du métier (section 4).

Section 1. La formation professionnelle du conducteur

La capacité professionnelle des chauffeurs routiers est bien entendu validée par l'obtention de différentes catégories de permis de conduire, selon les véhicules qu'ils sont appelés à conduire (R.221-4. C. route). L'obtention de certains certificats d'aptitudes professionnelles (CAP, BEP, CFP) équivaut à l'obtention de certaines catégories de permis de conduire, de même qu'il existe des équivalences entre permis (cf. arr. du 12-2-1999). La délivrance des permis C (véhicule lourd isolé), D (transport en commun de personnes) et E (ensembles routiers) n'a lieu qu'après une visite médicale. Le permis de catégorie D ne peut être passé qu'à l'âge de vingt et un ans. Des visites médicales régulières (tous les cinq ans jusqu'à soixante ans et à intervalles plus rapprochés par la suite) conditionnent ensuite la validité de ces permis de conduire.

En outre, pour les artisans chauffeurs, la démonstration de leur capacité professionnelle à exercer la profession de transporteur est nécessaire, l'examen afférent portant d'ailleurs en partie sur des questions de sécurité routière (cf. notamment l'art.4 du décret n° 99-752 du 30-8-1999). Il est possible de rattacher à ce type de réglementation celle relative à l'activité de conducteur de taxi (loi n° 95-66 du 20-1-1995, décret n° 95-935 du 17-8-1995, arr. du 5-9-2000).

Mais il est encore apparu nécessaire d'assurer une formation professionnelle complémentaire aux chauffeurs de véhicules lourds afin d'améliorer les conditions d'exercice d'un métier mis à mal par la libéralisation des transports routiers (cf. le « *Contrat de progrès dans les transports routiers de marchandises* », 1994).

A l'origine, c'est une convention collective qui a posé le principe d'une formation obligatoire à destination des chauffeurs salariés du secteur des transports routiers de marchandises.

L'accord national du 20-1-1995 met en place une « *Formation Initiale Minimale Obligatoire* » ainsi qu'une « *Formation Continue Obligatoire de Sécurité* ». Le décret n°97-608 du 31-5-1997 apporte une consécration légale à cet accord tandis que la loi n°98-69 du 6-2-1998 tendant à améliorer les conditions d'exercice de la profession de transporteur routier étend l'existence de ces formations à tous les conducteurs de véhicules lourds ou de transport en commun.

En effet, cette loi, en modifiant notamment l'art.1er de l'ordonnance n° 58-1310 du 23-12-1958, oblige à une formation initiale et continue en matière de sécurité les conducteurs indépendants du secteur du transport de marchandises ainsi que les conducteurs salariés travaillant dans les entreprises effectuant du transport pour compte propre. Sont aussi concernés les conducteurs des entreprises de transport de voyageurs.

Un accord du 7-12-1999 précise les modalités de ces formations dans le secteur des transports publics interurbains de voyageurs. Un décret n° 2002-747 du 2-5-2002 consacre enfin l'accord du 7-12-1999 pour ce secteur d'activité. Par contre, la FIMO et la FCOS ne semblent pas, en l'absence d'un texte d'application, applicables aux conducteurs des transports publics urbains sur lignes régulières. Par ailleurs, les chauffeurs titulaires de certains diplômes (CAP, BEP, CFP…) sont dispensés de la FIMO.

Selon l'accord de 1995 et le décret de 1997, la FIMO s'adresse à ceux qui occupent un emploi de conducteur routier d'un véhicule de plus de 7,5 tonnes de PTAC (art.1er). N'y sont assujettis que les conducteurs embauchés après le 1er juillet 1995. En transport interurbain de voyageurs, y sont assujettis les conducteurs embauchés après le 1er septembre 2000 pour un emploi sur un véhicule de transport en commun (art.1er, décret du 2-5-2002). Il s'agit d'une formation de quatre semaines, orientée vers l'hygiène et la sécurité, mais qui concerne également les règles et les connaissances nécessaires à une meilleure réalisation de la prestation de transport.

La FCOS s'adresse à ceux qui occupent un emploi de conducteur routier d'un véhicule de plus de 3,5 tonnes de PTAC et de plus de 14 m3 (art.9 de l'accord de 1995, art.3 du décret de 1997), quand il s'agit d'un transport de marchandises. En matière de transport de voyageurs, ce sont tous les conducteurs des transports en commun qui sont concernés (art.6, décret du 2-5-2002). La FCOS doit être renouvelée tous les cinq ans. D'une durée de trois jours, la FCOS est effectuée sur le temps de travail et rémunérée comme tel. Son objectif est de permettre la réactualisation des connaissances réglementaires des chauffeurs ainsi que de se perfectionner aux techniques de conduite routière.

Enfin, outre ces formations générales validées par une attestation (arr. 31-3-1998, pour les conducteurs salariés ; arr. 30-6-1999, pour les conducteurs indépendants), existent des formations spécifiques aux conducteurs transportant des matières dangereuses.

Deux textes abordent la qualification des chauffeurs appelés à transporter des matières dangereuses. Au niveau international, existe l'accord européen relatif au transport international des marchandises par route (30-9-1957), communément dénommée « *Convention ADR* », et faisant l'objet de modifications régulières (« *ADR-restructurée* »). Tous les transports intracommunautaires par route sont assujettis à l'ADR en vertu d'une directive communautaire n° 94/55 du 21-11-1994. En droit français, il est nécessaire de se référer à l'article 40 de l'arrêté ADR du 1-6-2001 (modifié par l'arr. 8-2-2002).

Cette réglementation prévoit une formation de base doublée de formations spécialisées que valident des examens et qu'attestent des certificats. Les formations spécialisées concernent les chauffeurs appelés à conduire des véhicules transportant des citernes supérieures à un M^3 (trois M^3, quand il s'agit de porte-conteneurs-citernes) ainsi que les chauffeurs transportant des matières explosives (classe 1) ou radio-actives (classe 7). Périodiquement, ces chauffeurs doivent suivre des cours de recyclage. Certains chauffeurs sont cependant dispensés de suivre de telles formations du fait des quantités réduites de matières dangereuses qu'ils sont appelés à transporter ou du fait de l'utilisation de véhicules légers. Il a été jugé que l'employeur d'un chauffeur victime d'un accident du travail mortel est responsable d'un homicide involontaire dès lors qu'il n'a pas dispensé à celui-ci les formations à la sécurité qui s'imposent (• *cass. crim. 14-1-1997, BTL 1997, p.294).*

Section 2. Les règles relatives aux temps de conduite et de repos

Afin d'assurer une meilleure sécurité routière, des règles uniformes applicables à l'ensemble du continent européen viennent limiter les temps de conduite et imposer des repos journaliers et hebdomadaires à la plupart des chauffeurs conduisant des véhicules lourds (véhicules de transport de marchandises de plus de 3 t. 5 de poids maximal autorisé, véhicules de transport de voyageurs de plus de neuf places). Ces règles s'appliquent, que le chauffeur soit un salarié ou un travailleur indépendant, qu'il travaille pour une entreprise de transport ou une entreprise effectuant des transports pour compte propre. Ces dispositions sont fixées par le règlement CEE n° 3820/85 du 20-12-1985, ainsi que par l'accord A.E.T.R. du 1-7-1970 (cf. *supra*, première Partie, Section 1, § 3).

Pour permettre une bonne application de cette réglementation, le règlement CEE n°3821/85 du 20-12-1985 impose, par ailleurs, l'installation d'appareils de contrôle. Ces appareils, les chronotachygraphes, doivent être installés sur les véhicules assujettis à la réglementation européenne sur les temps de conduite et de repos. Cependant, le champ d'application des règlements n° 3820/85 et n° 3821/85 n'est pas toujours strictement identique.

Ainsi, pour les transports nationaux, l'article 2 du décret n° 86-1130 du 17-10-1986 n'impose l'installation d'un chronotachygraphe sur les véhicules de transport de voyageurs que lorsque le véhicule comporte plus de vingt-trois sièges (y compris le siège du conducteur) et dès lors qu'il est affecté à des services réguliers sur des lignes supérieures à cent cinquante kilomètres. De plus, le décret du 17-10-1986 pris en application du règlement communautaire n° 3821 n'impose un chronotachygraphe aux véhicules de plus de neuf places que lorsque le véhicule est affecté, à titre principal, à la desserte des établissements scolaires. Il s'agit là d'importantes restrictions à l'obligation, posée par le règlement n° 3821/85, d'utiliser un chronotachygraphe pour tous les véhicules de transport de voyageurs comportant plus de neuf sièges.

Dès lors que le transport est assujetti à la législation européenne lui faisant obligation d'utiliser un chronotachygraphe, le conducteur doit avoir en sa possession, en cas de contrôle sur route, les disques de la semaine en cours ainsi que le disque du dernier jour de travail qui précède ceux de la semaine en cours (art.15.7 du règlement n° 3821/85). Il en est ainsi, même quand il conduit divers véhicules puisque les « *feuilles de contrôle* » sont attachées au conducteur, non au véhicule *(▪ cass. crim. 3-6-1993, BTL 1993, p.524)*. Une attestation de l'employeur (pour les salariés) ou sur l'honneur (pour les conducteurs indépendants) permettra de justifier les périodes de repos.

En cas de contrôle sur route, l'absence des disques prescrits constitue une faute pénale (▪ *cass. crim. 4-4-2001, BTL 2001, p.583)*. Mais, dans le même temps, la cour de cassation a jugé qu'aucun texte, si ce n'est une circulaire ne s'imposant qu'aux fonctionnaires de l'administration des transports, n'oblige le conducteur à avoir une attestation de l'employeur lorsqu'il n'a pas travaillé, aucun texte répressif ne sanctionnant au surplus le non-respect d'une telle obligation (▪ *cass. crim. 16-1-2001, Bull. crim. n° 12 ; BTL 2001, p.161)*.

Les disques devant être gardés un an par l'employeur et une copie de ces derniers devant être fournie au conducteur à sa demande (art.14.2.), une demande en dommages et intérêts pour non production de ces documents est admissible en justice *(▪ cass. soc. 6-5-1997, Bull. V, n°163 ; BTL 1997, p.387)*.

Les chronotachygraphes devront être, à compter de 2004, progressivement remplacés par de nouveaux boîtiers de contrôle fonctionnant à l'aide de cartes à mémoire (règlements modificatifs n° 2135/98 du 24-9-1998 et n° 1360/2002 du 13-6-2002).

§ 1. La limitation des temps de conduite

L'article 6.1. du règlement communautaire n° 3820/85 du 20-12-1985 fixe la durée totale de conduite journalière à neuf heures. Cette période de conduite journalière s'entend de celle qui est comprise entre deux repos journaliers ou un repos journalier et un repos hebdomadaire (cf. *infra*, § 2), un repos journalier pouvant évidemment intervenir en pleine journée lorsque le conducteur travaille principalement de nuit. Cette période de conduite journalière peut être portée à dix heures deux fois par semaine civile. Six journées de conduite peuvent être cumulées en transport de marchandises, et jusqu'à douze en transport international de voyageurs, cette dernière norme étant néanmoins inapplicable aux conducteurs salariés, du fait du principe du repos hebdomadaire en droit du travail français.

Le règlement communautaire de 1985 ne fixe aucune limite hebdomadaire au temps de conduite. Il est seulement indiqué que la durée totale de conduite sur deux semaines consécutives ne doit pas dépasser quatre-vingt-dix heures, que ce soit en transport de marchandises ou de voyageurs. On peut cependant déduire du cumul autorisé des journées de conduite que, en transport de marchandises, la durée maximale de conduite sur une semaine est de cinquante-six heures. Cependant, là encore, compte tenu des durées maximales du travail sur la semaine en droit du travail français (cf. *supra*, première Partie, Section 2, § 1, B, 2, b), cette norme est inapplicable aux chauffeurs salariés, à moins que le conducteur n'effectue les six journées consécutives de conduite à cheval sur deux semaines calendaires.

Ces journées de conduite ne peuvent se dérouler d'un seul tenant. La réglementation communautaire impose une interruption d'au moins quarante-cinq minutes après quatre heures et demie de conduite (art.7). Chaque période de quatre heures trente minutes de conduite se calcule de façon séparée (• *CJCE 15-12-1993, BTL 1994, p.238)*. Ajoutant à la réglementation communautaire, le récent accord du 18-4-2002 applicable aux personnels des entreprises de transport interurbain de voyageurs stipule qu'en cas de conduite de nuit (21 H.-6 H.), la durée de conduite continue ne peut dépasser quatre heures (art.9).

Pour les transports réguliers nationaux de voyageurs, l'interruption de conduite peut être limitée à trente minutes après quatre heures de conduite lorsque le stationnement du véhicule pose des difficultés en milieu urbain et qu'il n'est pas possible de scinder cette interruption.

De plus, à condition de ne pas compromettre la sécurité routière et afin de lui permettre d'atteindre un point d'arrêt approprié (par exemple, une aire de repos sur autoroute), un conducteur peut déroger à la réglementation communautaire dans la mesure nécessaire pour assurer la sécurité des personnes, du véhicule ou de son chargement (art.12). Il doit alors indiquer par écrit sur la feuille de contrôle les motifs du dépassement. Mais toujours pour des raisons de sécurité routière, il a été jugé que les trajets domicile-travail doivent être inclus dans les temps de conduite des conducteurs assujettis à la réglementation européenne (▪ *cass. crim. 20-6-1984, Bull. crim. n° 234* ▪ *CA Paris 30-11-1994, BTL 1995, p.76*), même s'il n'y a pas un temps de travail, au sens du droit français. Rappelons au surplus que, si le conducteur se rend en un point donné sur ordre de l'employeur pour prendre en charge un véhicule de l'entreprise, il s'agit d'un temps de travail et non d'un temps de repos, au sens du droit communautaire (▪ *CJCE, 18-1-2001, BTL 2001, p.74*), qu'a fortiori il y a un temps de conduite, même si le parcours est effectué avec le véhicule personnel du travailleur.

Les interruptions de conduite, communément dénommées « *coupures* », peuvent être scindées en périodes d'au moins quinze minutes, pendant lesquelles le chauffeur ne doit exercer aucune activité professionnelle, à moins qu'il ne reste passivement à la disposition de son employeur (comme lors d'une attente à un quai, avant le déchargement du véhicule). Les activités de chargement ou de déchargement, la surveillance même de telles opérations, ne peuvent donc être menées lors d'une coupure (▪ *cass. crim. 15-11-1995, Bull. crim. n°351 {1}*). Lorsqu'un conducteur s'arrête momentanément pour procéder à une manutention, l'écoulement de la durée de conduite continue est donc simplement suspendu et reprend son cours quand le conducteur redémarre (▪ *CA Besançon 18-5-1999, BTL 1999, p.667)*. Rappelons que ces coupures, en l'état actuel du droit, n'entrent normalement pas dans le temps de travail des chauffeurs salariés, à moins que le travailleur ne reste à la disposition de l'employeur.

Enfin, pour certains transports non assujettis à la réglementation européenne de 1985, on constate parfois la présence d'une réglementation d'entreprise venant limiter les temps de conduite. De la sorte, dans les transports publics urbains de voyageurs, existent, par accord d'entreprise ou en fonction des usages, des « *vacations de conduite* » dont la durée maximale est généralement proche de celle fixée par la réglementation européenne.

§ 2. Les repos journaliers et hebdomadaires

Les repos, au sens du droit communautaire, sont « *toute période ininterrompue d'au moins une heure pendant laquelle le conducteur peut disposer librement de son temps* » (art.5.1.). Ces repos peuvent, le cas échéant, remplacer une coupure (art.7.1). Mais il est par ailleurs notable que tout repos de moins d'une heure, au sens de la réglementation sociale, ne peut être imputé sur les repos, au sens de la réglementation communautaire de 1985.

Le règlement communautaire n° 3820/85 impose onze heures consécutives de repos par période de vingt-quatre heures. Cette période de vingt-quatre heures peut débuter à n'importe quel moment de la journée, le décompte se faisant à partir de la prise de service (• *CA Amiens 26-4-1989, BT 1990, p.163),* après la principale prise de repos quotidien (soit au moins huit heures).

Il s'agit là de repos journaliers. Ces moments, notamment consacrés au sommeil du conducteur, peuvent cependant faire l'objet d'aménagements. En premier lieu, trois fois par semaine calendaire, le repos peut être réduit à neuf heures consécutives. Mais, dans ce cas, les heures de repos ainsi perdues doivent être compensées par un repos correspondant accordé avant la fin de la semaine suivante (art.8.1.) et accolé à un autre repos journalier d'au moins huit heures (art.8.6.).

En deuxième lieu, il est en effet possible de réduire le repos entre deux périodes de travail journalier à huit heures consécutives. Cependant, les repos pour chaque période de vingt-quatre heures sont alors d'au moins douze heures, pris en deux ou trois fois (art.8.1). Cette solution est très couramment utilisée parce qu'effectivement nombre de chauffeurs bénéficient de repos d'au moins une heure durant leur journée, ce qui favorise l'éclatement du repos quotidien.

En troisième lieu, le repos journalier peut être interrompu une fois, afin de procéder à des manœuvres d'embarquement ou de débarquement, quand le chauffeur accompagne le véhicule sur un ferry-boat ou un train. Mais le repos quotidien est alors prolongé de deux heures tandis que l'interruption nécessaire aux manœuvres et au respect des formalités douanières ne doit pas prendre plus d'une heure (art.9).

En cas de double équipage, le repos quotidien dont bénéficient les conducteurs est réduit. En effet, si durant une période de trente heures consécutives, deux chauffeurs se trouvent à bord d'un véhicule, ils peuvent n'avoir droit qu'à un repos quotidien de huit heures consécutives chacun (art.8.2). Les dispositions de l'article 8.1 se trouvent donc évacuées en cas de double équipage, la fatigue résultant de l'activité professionnelle de ces chauffeurs étant supposée moindre du fait d'un travail commun *(• CJCE 16-1-2003, BTL 2003, p.56)*.

Les repos hebdomadaires sont considérés par la réglementation communautaire comme une excroissance des repos journaliers : ils les remplacent, à raison d'une fois par semaine calendaire, et doivent en principe durer quarante-cinq heures consécutives (art.8.3). Ils ne peuvent cependant être placés arbitrairement à n'importe quel moment de la semaine, compte tenu notamment des limites au cumul des journées de conduite, spécialement quand il s'agit d'un transport de marchandises (cf. *supra*, § 1).

Comme les durées de conduite ou les repos journaliers, les repos hebdomadaires peuvent être diminués dans certaines circonstances. L'article 8.3. dispose ainsi que ce repos peut être réduit à un minimum de trente-six heures consécutives lorsqu'il est pris au point d'attache habituel du véhicule (par exemple, l'établissement d'affectation d'un camion) ou le point d'attache du conducteur (l'établissement qui l'embauche ou le domicile du travailleur). Le repos peut être réduit à vingt-quatre heures lorsqu'il est pris en dehors de ces lieux, comme lorsqu'il a lieu à l'occasion d'un long déplacement. Mais chaque raccourcissement est compensé par un temps de repos équivalent pris en bloc avant la fin de la troisième semaine suivant celle où le repos hebdomadaire a été écourté. De plus, si le repos hebdomadaire peut être reporté à la semaine suivante dans le transport occasionnel de voyageurs, national et international (art.8.5.), il doit être alors nécessairement accolé au repos hebdomadaire de la seconde semaine (▪ *CJCE 28-9-2000, BTL 2000, p.780).*

Section 3. L'imputation des infractions à la réglementation routière

Il n'entre pas dans la matière de cette étude la description détaillée de la réglementation routière et des infractions auxquelles son irrespect donne lieu. Les chauffeurs routiers, comme tous les usagers de la route, doivent respecter les dispositions du code de la route. Beaucoup d'entre eux sont au surplus soumis à la réglementation européenne sur les temps de conduite et de repos.

Mais les chauffeurs sont encore des agents d'exécution. Ouvriers, ils sont les préposés de personnes qui vont leur donner des consignes. Dès lors, les fautes qu'ils commettent en matière de réglementation routière peuvent évidemment être la conséquence directe des ordres qu'ils ont reçus. Cette question apparaît à l'évidence pour les chauffeurs salariés, qui sont tenus par le lien de subordination propre au contrat de travail. Il faut cependant souligner que les chauffeurs, travailleurs itinérants, reçoivent également des consignes ou se trouvent soumis ponctuellement à l'organisation des expéditeurs et des destinataires chez qui ils se rendent. La difficulté déborde donc du cadre des relations salariales et concerne notamment les artisans chauffeurs dans les relations qu'ils entretiennent avec leur donneur d'ordre.

D'ailleurs, l'alinéa 3 de l'article 9 de la LOTI (loi du 30-12-1982) dispose que « *les opérations de transport, qu'elles soient confiées à un tiers ou exécutées pour le compte propre de l'entreprise qui les assure, ne doivent en aucun cas être conduites dans des conditions incompatibles avec la réglementation des conditions de travail et de sécurité. La responsabilité de l'expéditeur, du commissionnaire, de l'affréteur, du mandataire, du destina-*

taire ou de tout autre donneur d'ordre est engagée par les manquements qui leur sont imputables ». C'est pourquoi, nous aborderons la question de la responsabilité pénale en matière de sécurité routière sous l'angle de l'imputation des infractions commises, tant en ce qui concerne la réglementation européenne sur les temps de conduite et de repos que celle qui est contenue dans le code de la route.

§ 1. Les infractions à la réglementation communautaire sur les temps de conduite et de repos

L'ordonnance n° 58-1310 du 23-12-1958 (modifiée) concernant les conditions de travail dans les transports routiers publics et privés en vue d'assurer la sécurité de la circulation routière dispose que « *la conduite et l'exploitation* » des véhicules de transports routiers de voyageurs ou de marchandises sont soumises à des obligations relatives à la durée du travail ainsi qu'à des règles particulières concernant l'hygiène et la sécurité. L'ordonnance de 1958 définit un certain nombre de délits (falsification de documents, fourniture de faux renseignements, absence, détérioration ou emploi irrégulier des dispositifs destinés au contrôle, refus de présentation de documents…). Mais elle renvoie également la définition d'autres obligations à des décrets en conseil d'Etat, ce que le décret n° 86-1130 du 17-10-1986 entreprend en indiquant que « *les règlements CEE n° 3820-85 et 3821-85 du conseil du 21-12-1985 (…) valent obligations définies par décrets en conseil d'Etat en vertu de l'article 1er de l'ordonnance du 23 décembre 1958 et du décret du 31 juillet 1980* ». Le non-respect de ces obligations est puni des peines prévues pour les contraventions de 4ème classe et parfois de 5ème classe (art.3, décret du 17-10-1986).

En outre, l'immobilisation immédiate du véhicule est requise lorsque certaines infractions aux dispositions du règlement n° 3820 se double de l'absence du document de suivi prévu à l'article 26 de la loi n° 95-96 du 1-2-1995, ce document devant accompagner ou intégrer tout contrat de transport de marchandises (L.325-4 C. route). Toutefois, le code de la route indique, de façon beaucoup plus générale, que l'immobilisation du véhicule muni d'un chronotachygraphe peut être prescrite quand « *le conducteur est en infraction aux règles relatives aux conditions de travail dans les transports, publics ou privés »*, lorsque le conducteur « *ne peut présenter les documents dûment renseignés concernant les conditions de travail* » ou lorsque « *l'appareil de contrôle permettant l'enregistrement de la vitesse a été l'objet d'une modification affectant son fonctionnement normal* » (R.317-4 C. route).

L'ordonnance du 23-12-1958 rend pénalement responsable des obligations fixées aux règlements communautaires du 21-12-1985 « *toute personne qui, chargée à un titre quelconque de la direction ou de l'administration de toute entreprise ou établissement, a soit contrevenu par un acte personnel, soit, en tant que commettant, laissé contrevenir, par toute personne relevant de son autorité ou de son contrôle, à la présente ordonnance en ne prenant pas les dispositions de nature à en assurer le respect* » (art. 3 bis). Ce texte vise notamment les employeurs qui sont tenus de faire respecter à leurs chauffeurs la réglementation communautaire sur les temps de conduite et de repos, ainsi que la correcte manipulation de l'appareil de contrôle. Au demeurant, l'article 15 du règlement n° 3820/85 du 20-12-1985 dispose que « *l'entreprise organise le travail des conducteurs de telle manière qu'ils puissent se conformer aux dispositions appropriées du présent règlement ainsi que du règlement n° 3821/85* » et précise que « *l'entreprise vérifie périodiquement si les deux règlements ont été respectés* », l'employeur prenant les mesures nécessaires pour éviter que les infractions ne se reproduisent lorsqu'elles ont été constatées.

De plus, posant une infraction distincte, l'article R.121-2 C. route indique que le fait, pour tout employeur auquel s'applique la réglementation relative au transport routier, de donner, directement ou indirectement, à l'un de ses salariés chargés de la conduite des instructions incompatibles avec le respect des dispositions des articles six et huit du règlement n° 3820/58 relatives aux durées maximales de conduite, à la durée minimale du repos journalier et du repos hebdomadaire, est puni de l'amende prévue pour les contraventions de cinquième classe.

Cependant, concernant les obligations décrites à l'ordonnance de 1958 et celles fixées aux règlements européens de 1985, l'article 3 bis de l'ordonnance de 1958 précise : « *le préposé est passible des mêmes peines lorsque l'infraction résulte de son fait personnel* ». Les chauffeurs peuvent donc également être responsables des infractions commises. Dans le même sens, le règlement n° 3821/85 du 20-12-

1985 indique que l'employeur et « *les conducteurs veillent au bon fonctionnement et à la bonne utilisation de l'appareil* » de contrôle (art.13).

Le règlement n° 3821/85 indique parfois sur qui pèsent normalement certaines obligations. Ainsi, « *l'employeur délivre aux conducteurs un nombre suffisant de feuilles d'enregistrement...* » ; « *L'entreprise conserve, en bon ordre les feuilles d'enregistrement pendant au moins un an après leur utilisation et en remet une copie aux conducteurs intéressés qui en font la demande* » (art.14). Mais il appartient évidemment au chauffeur de correctement manipuler l'appareil de contrôle permettant le relevé des heures de conduite, de travail, de disponibilité, les coupures et les repos (art.15.3.)

Le règlement n° 3821/85 du 20-12-1985 dispose également que les « *conducteurs n'utilisent pas de feuilles d'enregistrement souillées ou endommagées...* Ils « *utilisent les feuilles d'enregistrement chaque jour où ils conduisent dès le moment où ils prennent en charge le véhicule* », la feuille d'enregistrement n'étant normalement pas retirée avant la fin de la période de travail journalière (art. 15.2.). Il s'ensuit que le disque utilisé quotidiennement accompagne le chauffeur quand il change de véhicule. Chaque disque a une durée d'au moins vingt-quatre heures.

La jurisprudence précise le plus souvent la responsabilité pénale de chacun. Généralement, les tribunaux condamnent soit l'employeur, soit le chauffeur (cf. cependant ▪ *CA Douai, 6-11-1990, BTL 1991, p.207)*. Mais en présence d'un délit décrit à l'article 3 de l'ordonnance de 1958, le chauffeur et son employeur sont susceptibles d'être également condamnés à titre d'auteur principal et de complice (ex. ▪ *TGI Dijon 11-6-1993, BTL 1993, p.601 :* trucage d'un chronotachygraphe).

L'employeur, mais aussi un responsable d'exploitation ayant autorité sur les chauffeurs, contrevient par un acte personnel aux obligations fixées à l'ordonnance de 1958 ou à celles de la réglementation communautaire quand il n'assure pas une bonne gestion des appareils de contrôle. Ainsi :

- le fonctionnement défectueux du chronotachygraphe *(▪ CA Paris 30-4-1987, BT 1987, p.576 ▪ CA Angers 15-3-1994, BTL 1994, p.912 ▪ CA Paris 13-6-1994, BTL 1994, p.653)*

- la non remise au conducteur des disques nécessaires aux contrôles sur route (▪ *CA Paris, 15-4-1992, BTL 1992, p.380).*

Il y a également une faute personnelle du chef d'entreprise ou du commettant lorsque, du fait des conditions de travail, de l'organisation de l'entreprise ou des consignes données aux conducteurs, il devient impossible de respecter la réglementation (▪ *cass. crim. 10-5-1988, BT 1988, p.556* ▪ *cass. crim. 31-1-1989, BT 1989, p.253* ▪ *cass. crim. 20-1-1998, BTL 1998, p.165).*

Mais la responsabilité pénale du commettant est également engagée quand il laisse contrevenir aux dispositions de l'ordonnance de 1958 et à celles des règlements communautaires de 1985 en ne prenant pas les dispositions de nature à en assurer le respect par ses préposés.

- De la sorte, quand l'employeur n'informe pas personnellement les conducteurs de la réglementation applicable et du nécessaire respect de celle-ci *(▪ CA Colmar 17-5-1985, BT 1986, p.91* ▪ *cass. crim. 16-1-1990, Bull. crim. n° 29* ▪ *cass. crim. 8-2-2000, Bull. crim. n° 57 ; BTL 2000, p.253*). Soulignons que cette jurisprudence tend à dépasser le cadre de l'application de la réglementation communautaire. De la sorte, est coupable l'employeur qui laisse contrevenir par ses chauffeurs à la réglementation sur le transport de matières dangereuses, par l'information insuffisante des risques d'un tel transport (▪ *cass. crim. 26-3-1991, Bull. crim. n° 143).*

- Quand il ne contrôle pas les disques et ne prend pas de sanctions disciplinaires à l'encontre des conducteurs qui contreviennent à la réglementation *(▪ cass. crim. 4-4-1979, BT 1979, p.327* ▪ *cass. crim. 16-6-1987, BT 1987, p.517* ▪ *cass. crim. 31-1-1989, BT 1989, p.253* ▪ *cass. crim. 16-1-1990, BT 1990, p.719* ▪ *cass. crim. 4-6-1991, Bull. crim. n° 238* ▪ *CA Rennes 20-11-*2000, BTL 2001, p.695 : fraude au limiteur de vitesse, qui aurait pu être constatée par la seule observation des disques), falsifient le chronotachygraphe *(▪ cass. crim. 31-5-1994, BTL 1994, p.580*) ou les disques *(▪ cass. crim. 13-2-1996, BTL 1996, p.335*).

- En cas de litige, c'est à l'employeur de prouver qu'il a pris toutes les mesures nécessaires pour informer personnellement les chauffeurs de la réglementation applicable et leur faire respecter celle-ci (▪ *cass. crim. 28-10-1986, BT 1987, p.197* ▪ *CA Grenoble 25-2-1988, BT 1989, p.67* ▪ *cass. crim. 6-11-1990, BTL 1991, p.132* ▪ *cass. crim. 28-1-1992, Bull. crim. n° 36* ▪ *cass. crim. 15-2-1994, Bull. crim. n° 69* ▪ *cass. crim. 3-11-1998, Bull. crim. n° 284* ▪ *cass. crim. 8-2-2000, Bull. crim. n° 57 ; BTL 2000, p.253* ▪ *cass. crim. 16-9-2001, Bull. crim. n° 145).* Il doit donc, le cas échéant, faire la preuve que le salarié a bien reçu le courrier d'avertissement envoyé (▪ *CA Rouen, 19-10-1992, BTL 1993, p.291).*

Les tribunaux condamnent cependant le chauffeur, quoique préposé de son employeur, lorsque, de son fait strictement personnel :

- il commet des erreurs dans l'utilisation des disques *(▪ CA Agen 8-1-1982, BT 1982, p.299 ▪ CA Amiens 14-4-1982, BT 1983, p.156) ;*

- il fausse le chronotachygraphe (▪ *CA Lyon 20-1-1978, BT 1979, p.60* ▪ *cass. crim. 4-6-1991, Bull. crim. n°238*) ;

- il ne respecte pas les durées maximales de conduite et de repos par convenances personnelles, l'employeur n'ayant commis par ailleurs aucune infraction en incitant explicitement ou implicitement son chauffeur à ne pas appliquer la réglementation *(▪ CA Paris 24-11-1986, BT 1987, p.387 ▪ CA Angers 19-11-1991, BT 1992, p.210 ▪ CA Paris 2-2-2001, BTL 2001, p.267).*

Par ailleurs, il a pu être jugé qu'un employeur n'était pas responsable d'une insuffisance de repos de dix minutes à l'initiative de son salarié, au cours d'un transport international (▪ *CA Angers 18-10-1990, BTL 1991, p.380).*

Soulignons que des tribunaux ont pu condamner des employeurs au paiement des amendes infligées aux chauffeurs qu'ils employaient sur le fondement de la responsabilité civile présumée des commettants envers les préposés causant un dommage dans l'exercice de leurs fonctions (art.1384, al.5 C. civ.). Des employeurs ont également été condamnés pour le délit de mise en danger d'autrui (art. 223-1 C. pén.), les chauffeurs ayant « *été soumis de façon habituelle à des horaires de conduite sans aucun rapport avec les prescriptions légales* » (▪ *TGI Dijon 26-11-1997, BTL 1998, p.763).*

Mais l'originalité de la réglementation routière est d'admettre aussi l'imputabilité de certaines fautes à d'autres commettants que l'employeur quand le chauffeur entre en contact et reçoit des ordres de ces tierces personnes.

Certes, en cas de location de véhicule avec chauffeur, le loueur, en tant qu'employeur, reste en principe responsable des infractions à la réglementation européenne. Il doit d'ailleurs mettre à disposition un chauffeur dans le respect de la réglementation communautaire sur les temps de conduite et de repos et doit informer le locataire de cette réglementation (▪ *cass. crim. 18-7-1995, Bull. crim. n° 257* ▪ *cass. crim. 25-1-2000, Bull. crim. n° 40).* Le locataire n'est donc pas, *a priori*, pénalement responsable des infractions commises par le chauffeur mis à disposition.

De même, il a pu être jugé que c'est l'employeur du chauffeur qui est responsable en cas d'irrespect de la législation, et non pas l'affréteur ayant fait appel à ce transporteur pour une opération de sous-traitance, parce qu'il revient à l'affrété de vérifier que la prestation peut être faite dans le respect de la loi (▪ *CA Douai 11-6-1991, BTL 1991, p.589).*

Mais la responsabilité pénale du locataire peut être recherchée si, par ses ordres, il met le conducteur dans l'impossibilité d'observer la réglementation communautaire (▪ *cass. crim. 15-11-1995, Bull. crim. n°351 {3} ; BTL 1996, p.177).*

De façon similaire, l'article R.121-5 C. route punit de l'amende de cinquième classe le fait pour tout expéditeur, commissionnaire, affréteur, mandataire, destinataire ou tout autre donneur d'ordre de donner, « *en connaissance de cause* », à tout transporteur routier de marchandises, ou à tout préposé de celui-ci, des instructions incompatibles avec le respect des dispositions de l'article 6 du règlement européen n° 3820/85 relatives aux durées maximales de conduite journalière.

Il est nécessaire de prouver que le donneur d'ordre connaissait les conditions de travail du conducteur mais lui a néanmoins donné des consignes contraires au respect de la réglementation européenne (▪ *cass. crim. 26-3-1996, Bull. crim. n° 135*). Il n'est cependant pas nécessaire de démontrer que le donneur d'ordre connaissait précisément le nombre de conducteurs nécessaires à la bonne exécution de la prestation, dès lors qu'il a donné des instructions illicites au conducteur qui s'est présenté (▪ *cass. crim. 17-2-1998, BTL 1998, p.272)*.

Cette incrimination, qui ne vise qu'une disposition particulière de la réglementation communautaire, concerne par contre, non seulement les chauffeurs salariés des transporteurs routiers dans les rapports qu'ils ont avec les partenaires commerciaux de leur employeur, mais également les artisans chauffeurs dans les relations commerciales et techniques qu'ils développent avec différents partenaires du secteur des transports. Notons toutefois que seul le chauffeur qui est « *transporteur routier de marchandises* » est concerné et non pas ceux qui, loueur de véhicule avec conducteur, se mettent à la disposition d'un locataire.

§ 2. Les infractions au code de la route

« *Le conducteur d'un véhicule est responsable pénalement des infractions commises par lui dans la conduite dudit véhicule* » (art. L.121-1 C. route). Une loi n° 2002-1138 du 9-9-2002 crée une procédure pénale simplifiée pour le traitement des « *délits* » prévus au code de la route.

Le principe de la responsabilité personnelle du conducteur est donc affirmé par l'article L.121-1 C. route, qu'il soit un simple usager de la route ou un professionnel. Cependant, ce principe ne s'applique qu'aux fautes de conduite, tandis que le code de la route vient parfois infléchir cette règle. Aussi, l'employeur est-il responsable des infractions qu'il commet personnellement, indépendamment d'une faute de conduite. Il doit ainsi répondre d'un défaut d'entretien ou d'équipement du véhicule, telle l'existence de pneus lisses (▪ *cass. crim. 6-5-1964, D. 1964, 562 ; BT 1964, p.284)*. Il peut être pénalement responsable dès lors qu'il n'a pas informé son chauffeur des jours de circulation interdite (autocariste ▪ *CA Rouen 13-11-1989, BT 1989, p.756)*.

De plus, l'article L.121-2 C. route pose une importante exception au principe de la responsabilité personnelle du conducteur en présence d'une faute de conduite puisque « *le titulaire du certificat d'immatriculation du véhicule est responsable pécuniairement des infractions à la réglementation sur le stationnement des véhicules pour lesquelles seule une peine d'amende est encourue* ». Dès lors, à moins qu'il ne prouve un cas de force majeure ou « *qu'il fournisse des renseignements permettant d'identifier l'auteur véritable de l'infraction* », c'est l'employeur (ou le locataire, si le véhicule a été loué : L.121-2, al.2 C. route) qui sera tenu pour responsable de cette infraction.

Mais, à l'inverse, le code de la route impute parfois au seul conducteur certaines infractions dont on perçoit qu'elles ont pu être commises en conséquence d'un lien de préposition. Il en est ainsi des infractions aux dispositions réglementant les dimensions et les conditions d'un chargement (art. R.312-19 et s. C. route) et plus encore des infractions aux interdictions temporaires de circuler (R.411-18 C. route). De même, c'est le conducteur qui est pénalement responsable, non seulement du correct maniement des feux d'éclairage et de la signalisation du véhicule, mais encore de la présence et du bon fonctionnement de ceux-ci (art. R.313-3 et s. C. route).

Le libellé d'autres dispositions du code de la route permet enfin d'imputer l'infraction au conducteur ou à d'autre personnes, selon les circonstances. Par exemple, le trucage du limiteur de vitesse est imputable au « *responsable de l'exploitation* », mais « *le préposé est passible des mêmes peines lorsque l'infraction résulte de son fait personnel* » (L.317-1 C. route). De même, « *toute personne* » coupable des infractions à la réglementation sur les plaques d'immatriculation et les inscriptions réglementaires devant être apposées sur les véhicules encourt les peines fixées aux articles L.317-2 et s. du code de la route.

En matière de surcharge, les articles R.312-1 et suivants du code de la route ne précisent pas l'imputabilité de l'infraction. La jurisprudence a généralement condamné l'employeur, censé être responsable du bon déroulement du transport, mais parfois aussi le conducteur, quand la surcharge résultait clairement de son fait personnel (▪ *CA Paris, 6-11-1970, D. 1971, 364*). Néanmoins, c'est l'employeur qui sera pénalement responsable dès lors qu'il aura donné, « *directement ou indirectement, à un salarié des instructions incompatibles avec le respect des dispositions des articles R.312-2, R.312-3 et*

R.312-4 relatives aux limites de poids des véhicules de transport routier de personnes ou de marchandises » (R.121-3 C. route).

De plus, les donneurs d'ordre (expéditeurs, commissionnaires, destinataires...) peuvent également être rendus responsables quand ils occasionnent la surcharge par une fausse déclaration à un transporteur routier de marchandises ou à son préposé (R.121-4 C. route). Ils peuvent l'être encore quand ils donnent, « *en connaissance de cause* », des consignes incompatibles avec les dispositions des articles R. 312-2 à R.312-4 et des articles R.433-1 à R.433-3 C. route relatives aux transports exceptionnels de marchandises (R.121-5 C. route).

De façon similaire, si le conducteur est en principe pénalement responsable des infractions aux dispositions sur les limites de vitesse, l'employeur peut également l'être quand il donne, directement ou indirectement, aux conducteurs qu'il emploie, des instructions incompatibles avec le respect des vitesses maximales autorisées (R.121-1 C. route). Seul l'employeur des conducteurs de véhicules d'intérêt général, dans les cas nécessités par l'urgence de la mission, échappe alors à une telle incrimination (ex. : ambulances...). L'article R.121-5 C. route permet également d'incriminer les agissements de « *tout expéditeur, commissionnaire, affréteur, mandataire, destinataire ou tout autre donneur d'ordres* » quand ils donnent, en connaissance de cause, à un transporteur routier de marchandises ou à son préposé, des instructions incompatibles avec les vitesses maximales autorisées. Remarquons que ces dispositions peuvent, le cas échéant, exonérer un artisan chauffeur de sa responsabilité.

Enfin, quand bien même l'infraction serait imputable au seul conducteur, quand celui-ci a agi en qualité de préposé, le tribunal peut, « *compte tenu des circonstances de fait et des conditions de travail de l'intéressé, décider que le paiement des amendes de police prononcées* (en vertu du code de la route) *sera, en totalité ou en partie, à la charge du commettant si celui-ci a été cité à l'audience* » (L.121-1, al.2 C. route). Cette disposition originale atténue donc la responsabilité personnelle du conducteur pour les infractions commises dans la conduite du véhicule (L.121-1, al.1 C. route). Mais en conséquence, elle ne concerne que les fautes de conduite qu'incrimine le code de la route.

Section 4. Les risques du métier et la protection du travailleur

Deux grandes catégories de risques guettent le conducteur routier au travail. D'une part, il existe évidemment des risques physiques. La question des accidents de la route vient immédiatement à l'esprit. Mais de façon plus globale, le métier de chauffeur routier est dangereux et usant du fait des gestes et des postures qu'il occasionne (par exemple, la montée et la descente des marchepieds du camion, la manutention des marchandises...). D'autre part, l'activité de conducteur comporte un risque institutionnel : celui de perdre le permis de conduire à l'occasion d'infractions au code de la route.

§ 1. Les risques physiques

La protection envers les accidents du travail nécessite d'abord une politique de prévention. Par exemple, les « *plans de préventions* » prévus à l'article R.237-7 C. trav. se déclinent sous la forme d'un « *protocole de sécurité* » (arr. 28-4-1996, JO du 8/5) quand une entreprise réceptionne un véhicule routier pour un chargement ou un déchargement. Des conseillers à la sécurité doivent être désignés dans les entreprises de transport (arr. 17-12-1998, JO du 1/1/99). Une convention nationale d'objectifs a été conclue en 2001 entre la Caisse Nationale d'Assurance Maladie et l'Union des Fédérations du Transport visant à inciter financièrement les entreprises de moins de deux cents salariés du TRM à mener des actions de prévention. Cette politique de prévention a encore lieu par la formation des conducteurs (cf. *supra*, Section 1).

Rappelons également que l'obtention, puis le renouvellement périodique de certaines catégories de permis de conduire, nécessitent un examen médical (cf. *supra* Section 1). Enfin, ce n'est que récemment que les conducteurs de véhicules lourds de transport de marchandises se trouvent astreints à faire usage de la ceinture de sécurité, lorsque le véhicule en est équipé (décret n°2003-440 du 14-5-2003, JO du 17/5), les conducteurs d'autocar, d'autobus, de taxi, d'ambulance restant à l'inverse exemptés de cette obligation. Ces actions de préventions concernent l'ensemble des chauffeurs, qu'ils soient salariés ou indépendants, parce qu'elles entrent, en réalité, dans le cadre plus général d'une politique de sécurité routière.

Ensuite, il existe une protection du travailleur lorsque survient un accident ou une maladie professionnelle. Au regard de la loi, les chauffeurs routiers ne bénéficient certes pas d'une protection particulière. Salariés, la législation sur les accidents du travail et les maladies professionnelles leur est applicable dans les conditions du droit commun du travail.

Il faut cependant souligner que les conducteurs connaissent des conditions de travail particulières. D'abord, le plus souvent, les chauffeurs ne sont pas au travail sur le lieu de leur établissement d'attache mais en mission pour leur employeur sur la voirie publique ou chez un client de celui-ci. Il est donc nécessaire de rappeler ce qu'est un accident de trajet ou un accident de travail au regard de ces circonstances de fait. Ensuite, nombre d'accidents du travail sont également pour les chauffeurs un accident de la circulation. Dans certaines circonstances, la législation sur l'indemnisation des victimes d'accidents de la circulation (loi n° 85-677 du 5-7-1985) est donc susceptible d'être mise en œuvre. Enfin, il arrive qu'un conducteur soit reconnu physiquement inapte à la conduite. Les partenaires sociaux ont alors cherché, par convention collective, à améliorer la protection du travailleur.

A. Accident du travail et accident de mission

Est un accident du travail, selon l'article L.411-1 C. séc. soc., l'accident qui survient, quelle qu'en soit la cause, par le fait ou à l'occasion du travail à toute personne salariée ou travaillant pour un ou plusieurs employeurs ou chefs d'entreprise. L'article L.411-2 C. séc. soc. assimile par ailleurs l'accident de trajet à un accident du travail. Les chauffeurs routiers salariés, mais également « *les conducteurs de voitures publiques dont l'exploitation est assujettie à des tarifs de transport fixés par l'autorité publique, lorsque ces conducteurs ne sont pas propriétaires de leur voiture* » (L.412-2 C. séc. soc. ; L.311-3-7° C. séc. soc.) victimes d'un accident de trajet, d'un accident du travail ou d'une maladie professionnelle, bénéficient alors de la législation sur les accidents du travail décrite au Livre IV du code de la sécurité sociale.

Le fait que le conducteur ait un taux d'alcoolémie anormal est sans incidence sur la qualification de l'accident survenu à l'occasion du travail dès lors qu'il ne s'est pas soustrait à la surveillance de l'employeur (▪ *cass. soc. 23-3-1995, P.A. 1996, jurist. 27).*

Sans qu'il soit ici nécessaire d'entrer dans les détails, les salariés accidentés bénéficient alors d'une réparation automatique mais forfaitaire. Ils bénéficient en particulier, en cas de cessation d'activité, d'indemnités journalières ou de rentes dont les conditions d'attribution sont plus favorables que celle de l'assurance maladie. En cas d'accident du travail, stricto sensu, le salarié bénéficie également d'une protection de l'emploi, à moins qu'il n'ait commis une faute grave ou qu'il soit impossible pour l'employeur de maintenir le contrat de travail (licenciement économique...).

Au surplus, l'article 10 ter de l'annexe 1 de la convention collective des transports routiers et des activités auxiliaires du transport de 1950 stipule que, soit au titre de l'assurance maladie, soit au titre de l'assurance accident du travail, le personnel ouvrier mensualisé bénéficie d'une garantie de ressources, en cas d'incapacité de travail temporaire. Celle-ci s'applique sans délai de carence en cas d'accident du travail (à l'exception des accidents de trajet). La convention collective des réseaux de transport public urbain de voyageurs prévoit des dispositions similaires. L'article 11 de l'annexe 1 de la convention collective des transports routiers stipule également que, dans certaines conditions, les frais de rapatriement d'un salarié malade ou blessé en cours de déplacement sont pris en charge par l'employeur, qu'il s'agisse ou non d'un accident du travail.

La qualification de l'accident du travail ne pose aucune difficulté particulière lorsque le travailleur est victime d'un accident dans l'entreprise et aux heures normales du travail. De même, il n'y a guère de difficultés lorsque le travailleur est victime d'un accident entre son domicile habituel et son établissement. Il y a alors un accident de trajet, dès lors qu'il se rendait, sans interruption et par le chemin le plus direct, à son domicile, à son établissement ou au lieu où il prend habituellement ses repas. Cependant, pour les chauffeurs, la qualification de l'accident du travail ou de trajet peut poser des difficultés quand ils sont en déplacement et qu'ils bénéficient d'une certaine autonomie dans la réalisation de leur mission.

Concernant les accidents du travail, l'essentiel est alors d'observer si le conducteur, au moment de l'accident, agissait dans le cadre de la mission fixée par l'employeur. Les tribunaux ont longtemps tenté de discerner ce qui, dans le cadre d'une mission, relevait des actes de la vie professionnelle ou n'en relevait pas. De la sorte, un chauffeur ayant un accident alors qu'il était en position de repos (au sens de la réglementation européenne de 1985) ne pouvait pas bénéficier de la législation sur les accidents du travail. Celui qui se blessait à la sortie d'un café, au moment d'une coupure réglementaire, ne pouvait non plus bénéficier de cette législation. Mais la jurisprudence a élargi le champ des accidents du travail.

Elle tend aujourd'hui à juger que tout accident survenu en cours de mission est un accident du travail, que l'acte à l'occasion duquel est survenu l'accident relève de la vie professionnelle ou de la vie privée (• *cass. soc. 19-7-2001, Bull. civ. V n° 285)*, à moins que l'employeur ou la caisse démontre que le salarié a interrompu sa mission pour des motifs personnels. Un chauffeur qui prend son repos quotidien à l'hôtel, qui déjeune sur le temps d'une coupure et du fait d'un déplacement imposé par l'employeur, est donc couvert par la législation sur les accidents du travail. Par ailleurs, la cour de cassation a jugé qu'un accident survenu alors que la mission n'a pas commencé ou est au contraire achevée est un accident de trajet et non pas un accident du travail (• *ass. plé. 5-11-1992, JCP 1193 E 286, p.479 ; D. 1993, somm. 272)*. Concrètement, un chauffeur qui se blesse alors que, par raison de commodité, il rentrait directement à son domicile une fois sa mission terminée, subit un accident de trajet. Cependant, il y a un accident du travail si un chauffeur se blesse au départ de sa mission quand l'employeur demande, pour des raisons d'exploitation, de commencer directement une tournée sans passer par l'établissement d'attache.

B. Accident du travail et accident de la circulation

« *Sous réserve des dispositions prévues aux articles L.452-1 à L.452-5, L.454-1, L.455-1, L.455-1-1 et L.455-2* (du code de la sécurité sociale), *aucune action en réparation des accidents et maladies mentionnés par le présent livre ne peut être exercée conformément au droit commun, par la victime ou ses ayants droit* ». L'article L.451-1 C. séc. soc. pose ainsi le principe d'une réparation forfaitaire de la victime d'un accident du travail, qu'aucune indemnisation ne peut venir normalement compléter afin de permettre une réparation totale du préjudice causé. Cependant, l'article L.451-1 C. séc. soc. ne vise en réalité que l'indemnisation complémentaire que serait en droit de demander le salarié à son employeur ou à l'un des préposés de celui-ci, dans la mesure où ils seraient responsables du préjudice causé (L.454-1 C. séc. soc.). De plus, le salarié accidenté est en droit d'obtenir une réparation complémentaire dès lors que l'employeur a commis une faute inexcusable ou intentionnelle (L.452-1 et s. C. séc. soc.).

Lorsque le chauffeur est victime d'un accident de la circulation, celui-ci implique le plus souvent un tiers, simple usager de la route, étranger à l'entreprise employant le conducteur professionnel victime de l'accident. Il en résulte que le conducteur victime d'un tel accident est en mesure de demander une indemnisation complémentaire à celle prévue par la législation sur les accidents du travail. Cette indemnisation complémentaire s'effectue alors en application de la loi n° 85-677 du 5-7-1985 tendant à l'amélioration de la situation des victimes d'accidents de la circulation routière.

Concernant le droit à réparation, la loi de 1985 distingue les conducteurs (au moment même de l'accident) des autres usagers de la route (passagers, piétons...). Dès lors que les conditions d'application de cette loi se trouvent réunies, le chauffeur est alors en droit d'obtenir une réparation totale de son préjudice si, au moment de l'accident, il ne conduisait pas (par exemple, en cas de double équipage ou lorsque le conducteur subit un accident alors qu'il a quitté la cabine du véhicule) et qu'il n'a pas, par une faute inexcusable, été le seul fautif de l'accident. Si au moment de l'accident, le chauffeur conduisait, il est également en droit d'obtenir une réparation complète si le tiers impliqué dans l'accident de la circulation est seul responsable de celui-ci. Par contre, en cas de partage de responsabilité, la réparation peut être réduite ou exclue (▪ *cass. ch. mixte 28-3-1997, Bull. civ. Ch. mixte n° 1 ; JCP G 1997, IV, 1064*). Si le seul véhicule du chauffeur est impliqué dans un accident, le conducteur ne peut alors obtenir de réparation sur le fondement de la loi de 1985. Toutefois, dans ce cas, dès lors que le conducteur n'a pas commis une faute contribuant à son préjudice, il peut se retourner contre le gardien du véhicule, c'est-à-dire son employeur (• *cass. civ. 2ème, 2-7-1997, D. 1997, 448*).

La possibilité de se retourner contre l'employeur en cas d'accident de la circulation, alors que l'article L.454-1 C. séc. soc. pose le principe d'une immunité de « *l'employeur ou ses préposés* » a été ouverte par la loi n°93-121 du 27-1-1993. De la sorte, l'article L.455-1-1 C. séc. soc. dispose que « *la victime ou ses ayants droit et la caisse peuvent se prévaloir des dispositions des articles L.454-1 et L.455-2 lorsque l'accident défini à l'article L.411-1 survient sur une voie ouverte à la circulation publique et implique un véhicule terrestre à moteur conduit par l'employeur, un préposé ou une personne appartenant à la même entreprise que la victime. La réparation complémentaire prévue* (...) *est régie par les dispositions de la loi n° 85-677 du 5 juillet 1985* ».

Il faut souligner que l'article L.455-1-1 C. séc. soc. ne vise que les accidents survenus sur une voie ouverte à la circulation publique alors que les accidents de la circulation permettant l'application de la loi de 1985 peuvent également intervenir sur une voie privée. Il y a là une restriction empêchant par exemple l'indemnisation totale du conducteur victime d'un accident du travail quand un accident de la circulation survient, par le fait d'un autre conducteur, dans la cour de l'établissement. L'article L.455-1-1 C. séc. soc. ne concerne par ailleurs que les accidents du travail et non les accidents de trajet. Mais un recours complémentaire à l'encontre de l'employeur ou de l'un de ses préposés est en réalité possible, en vertu de la loi n° 63-820 du 6-8-1963 (L.455-1 C. séc. soc.).

Si la victime est un fonctionnaire de l'Etat ou d'une collectivité territoriale, les dispositions du code de la sécurité sociale relatives aux accidents du travail ne s'appliquent pas. Il existe cependant des dispositions similaires au droit privé. Une loi du 8-7-1983 écarte en effet la règle du forfait accordant en principe à l'administration une immunité semblable à celle d'un employeur du secteur privé. Un recours de droit commun est donc ouvert à la victime.

Soulignons enfin que, indépendamment de l'application de la loi du 5-7-1985, un recours complémentaire en indemnisation semble également possible à l'encontre d'un expéditeur ou d'un destinataire quand le conducteur a été victime d'un accident du travail du fait d'un défaut des installations du client de son employeur. Chacun est effectivement présumé responsable des choses qu'il a sous sa garde (art.1384, al.1 C. civ.). Le non-respect par l'une ou l'autre des parties à la chaîne de transport des dispositions imposant la rédaction d'un protocole de sécurité (arr. 26-4-1996) peut donc faciliter en l'occurrence le départage des responsabilités, faciliter la preuve d'une faute inexcusable ou d'une faute d'imprudence constitutive notamment d'homicide involontaire (• *CA Nîmes 21-4-2000, BTL 2000, p.836).*

C. L'inaptitude physique à la conduite

Le chauffeur routier peut être, comme n'importe quel salarié, déclaré inapte à son emploi. Le conducteur bénéficie alors des dispositions protectrices de droit commun insérées dans le code du travail et sur lesquelles il n'y a pas lieu de s'étendre (cf. notamment les art. L.122-32-5 et s. et L.122-45 et s. C. trav.).

Mais l'alinéa 1 de l'article 12 de la LOTI (loi du 30-12-1982) dispose « *qu'en vue d'assurer leur sécurité et celle des tiers, l'Etat contrôle ou fait contrôler l'aptitude physique des personnes chargées de la conduite ou du pilotage et favorise le développement d'une politique de prévention de l'inaptitude* ». Le conducteur des permis C, D et E est ainsi soumis à des visites médicales régulières au titre des dispositions du code de la route. A la suite de telles visites, l'administration peut le déclarer inapte temporairement ou définitivement à la conduite et décider d'une suspension ou d'un retrait du permis de conduite. L'alinéa 2 de l'article 12 de la LOTI dispose cependant que l'inaptitude permanente d'un conducteur, dès lors qu'elle ne résulte pas d'actes volontaires ou intentionnels, ouvre droit à un régime particulier de protection financé par les cotisations des entreprises et des salariés. Des dispositions conventionnelles apportent de la sorte certaines garanties au conducteur. D'une part, il y a les dispositions de l'article 11 ter de l'annexe 1 de la convention collective nationale des transports routiers. D'autre part, il y a le régime de prévoyance institué par le protocole d'accord du 24-9-1980 et géré par l'IPRIAC.

Les dispositions de l'article 11 ter de l'annexe 1 sont applicables aux conducteurs des secteurs d'activité « *marchandises* » et « *voyageurs* ». Le chauffeur doit justifier de trois années d'exercice du métier de conducteur dans la même entreprise. Son incapacité doit entraîner « *un retrait du permis de conduire de la catégorie attachée à son emploi* » (art.11 ter, I.A.) ou une « *suspension du permis de conduire pour raison médicale d'une durée minimale de six mois* » (art.11 ter, II). La chambre sociale de la cour de cassation a cependant jugé que l'indemnité conventionnelle due au titre de l'article 11 ter doit être versée au salarié déclaré définitivement inapte à la conduite, même si la commission médicale départementale a omis de retirer son permis de conduire au chauffeur *(• cass. soc. 3-6-1997, Bull. V, n° 206)*. Enfin, le conducteur ne doit pas pouvoir bénéficier du régime de prévoyance IPRIAC, ce qu'un tribunal doit, le cas échéant, vérifier (• *cass. soc. 11-6-1992, Bull. V, n° 387*).

Le chauffeur, prévenu par la commission médicale départementale du retrait ou de la suspension de son permis de conduire, doit en informer son employeur. Le défaut d'information de l'employeur constitue une faute lourde (art.11 ter, IV). En vertu des dispositions de l'article 11 ter, l'employeur doit s'efforcer de reclasser le conducteur parmi le personnel de l'entreprise ou, le cas échéant, faciliter sa réintégration dans la profession. Une formation professionnelle peut s'avérer nécessaire, qui est à la charge de l'employeur, mais que le conducteur ne peut pas refuser. Si l'employeur n'est pas en mesure de proposer un nouvel emploi ou si le conducteur n'accepte pas celui-ci parce qu'il ne comporterait pas une rémunération égale à celle de son ancien emploi, l'employeur doit verser au salarié une indemnité conventionnelle particulière à l'occasion du licenciement du travailleur. Cette indemnité conventionnelle se substitue alors à celles qui auraient été légalement dues à l'occasion de la rupture des relations contractuelles (art.11 ter, III). Cette indemnité représente entre deux et six mois de salaires selon l'ancienneté du salarié lorsqu'il y a incapacité définitive à la conduite (art.11 ter, I). Cette indemnité est égale à un mois de salaire, quelle que soit l'ancienneté du conducteur dans l'entreprise (mais pourvu que le salarié ait l'ancienneté nécessaire à l'application de l'article 11 ter) quand il y a une incapacité temporaire à la conduite (art.11 ter, II).

Le régime de prévoyance IPRIAC est ouvert aux conducteurs devenus inaptes à la conduite des entreprises de transport de marchandises et de voyageurs quand ils relèvent :

- de la convention collective nationale des transports routiers et activités auxiliaires du transport
- de la convention collective nationale des tramways, autobus et trolleybus
- de la convention collective nationale de travail du personnel des voies ferrées d'intérêt local.

Il est nécessaire que le conducteur soit occupé de façon permanente et effective à la conduite, pour une durée du travail égale au moins à huit cents heures par an, soit globalement un travail à mi-temps. Le champ d'application de ce régime de prévoyance est donc particulièrement large. Les chauffeurs de bus des entreprises de transport public urbain de voyageurs sont concernés. Peuvent également en bénéficier les conducteurs de véhicules sur rail relevant de ces conventions ainsi que les conducteurs scolaires effectuant une durée minimale de travail de quatre cents heures par an. Le chauffeur (permis C, D, E) doit être âgé d'au moins cinquante ans et avoir quinze années d'ancienneté, continue ou non, au métier de la conduite (art.3 du protocole d'accord). Il doit être normalement déclaré inapte à la suite d'une visite médicale prévue au code de la route. Néanmoins, le protocole d'accord du 24-9-1980 admet « *exceptionnellement* » qu'une déclaration d'inaptitude à la conduite soit décidée par le médecin du travail sans que pour autant il y ait eu une décision de retrait du permis de conduire (art.2).

Le chauffeur admis à bénéficier de ce régime de prévoyance bénéficie d'une « *indemnité* » égale à 25 %, puis 35 %, de sa dernière rémunération (calculée sur la base de la moyenne des rémunérations totales brutes, hors frais professionnels, des douze derniers mois) jusqu'au moment où il peut bénéficier d'une pension de retraite à temps plein, à moins qu'il ne soit admis à reconduire ou bénéficie d'une garantie de ressources dans le cadre d'allocations chômage (art.4 et 5). Ces indemnités ont donc le caractère d'une rente.

§ 2. Un risque institutionnel : la perte du permis de conduire à la suite d'une infraction au code de la route

L'impossibilité où se trouve un conducteur de remplir ses obligations professionnelles quand le permis de conduire lui est retiré à la suite d'une faute de conduite peut justifier son licenciement.

Un protocole d'accord du 13-11-1992 (étendu par un arrêté du 31-12-1992) portant diverses mesures sociales d'accompagnement des dispositions relatives au permis à points apporte certaines garanties procédurales aux conducteurs dont le permis de conduire se trouve suspendu ou invalidé ou dont certains points se trouvent amputés, à la suite d'infractions au code de la route. Il a été conclu par différents partenaires sociaux relevant du secteur des entreprises du transport routier et des activités auxiliaires du transport. Dans le secteur des transports publics urbains un accord du 28-6-1993 (étendu par un arrêté du 18-11-1993) pose des règles similaires.

Le protocole d'accord de 1992 stipule que le conducteur ayant perdu une partie des points de son permis peut demander une autorisation d'absence à son employeur afin de suivre le stage de formation de deux jours lui permettant de récupérer le nombre de points prévus par la législation. « *Cette initiative ne peut en aucun cas être prise en compte en vue d'une sanction disciplinaire* » (art.1 du protocole). Le conducteur doit prévenir son employeur au moins un mois avant la date prévue du stage. La date du stage demandé ne peut faire l'objet que d'un seul report par l'employeur. Le conducteur supporte le coût de la formation mais une prise en charge de ce stage peut avoir lieu dans le cadre du fonds spécial professionnel « *permis sécurité* » (cf. art.3).

En cas de suspension ou d'invalidation du permis de conduire, il n'y a pas de rupture automatique du contrat de travail du salarié, à condition que le salarié concerné en informe son employeur dès « *le premier jour de travail suivant celui où la mesure lui a été notifiée* » (art.2.1.). Une « *concertation* » doit s'établir entre l'employeur et le salarié. Une instance de représentation du personnel dans l'entreprise est informée. Lors de cette concertation, le chauffeur peut se faire assister par une personne de son choix appartenant à l'entreprise. Si un emploi est « *immédiatement disponible* », un reclassement doit être proposé par écrit au salarié (art.2.2.). La réponse du salarié doit intervenir dans les sept jours. A défaut d'un reclassement, les droits à congés du salarié peuvent être liquidés et, finalement, il peut être décidé d'une suspension du contrat de travail. A défaut d'un accord sur la suspension du contrat de travail, ou à défaut de reclassement, l'employeur met en œuvre la procédure de licenciement. Aucune indemnité compensatrice de préavis n'est due dans la mesure où le conducteur est dans l'incapacité d'exercer son métier (art.2.4.). Enfin, l'article 2.6. du protocole précise que les dispositions de l'article 2, en cas de suspension ou d'invalidation du permis de conduire, « *ne sont pas exclusives de l'exercice de son pouvoir disciplinaire par l'employeur et de l'application des dispositions relatives au droit du licenciement* ».

Il faut ainsi comprendre qu'un licenciement immédiat du salarié peut avoir lieu si l'employeur juge que la suspension ou l'invalidation du permis de conduire est consécutive à une faute professionnelle grave du travailleur. De plus, la cour de cassation a récemment validé le licenciement pour faute grave d'un chauffeur qui s'était vu retirer son permis de conduire à la suite d'un contrôle d'alcoolémie effectué alors que ce conducteur n'était pas au travail (• *cass. soc. 2-12-2003, BTL 2003, p.833).*

Conclusion

La réglementation du travail des chauffeurs du secteur routier connaît depuis le début des années mille neuf cent quatre-vingt une évolution extrêmement rapide. Il y a plusieurs raisons à cela. L'une d'elles, sinon la principale, a été la libéralisation des transports routiers de marchandises au tournant des années quatre-vingt. C'est par une ordonnance du 1-12-1986 et un décret du 6-5-1988 que date notamment la fin de la tarification routière obligatoire (TRO). Le décret du 14-3-1986 (abrogé par l'actuel décret n°99-752 du 30-8-1999) officialise la fin du contingentement appliqué aux licences « *zones longues* » supposées limiter les transports routiers sur longues distances. Auparavant, la LOTI (loi du 30-12-1982) avait présenté un nouveau cadre général pour l'organisation des transports en France. Il s'ensuivit une déstabilisation de la profession et une dégradation importante des conditions de travail des chauffeurs routiers, accentuées par un contrôle laxiste de l'administration sur les règles qu'elle était censée faire appliquer.

C'est à cette époque qu'apparaît également toute la législation sociale contemporaine propre aux chauffeurs routiers, notamment le décret « *Fiterman* » du 26-1-1983 et les règlements communautaires de 1985. Sous l'influence d'une prise de conscience de la profession des effets négatifs ou pervers de la libéralisation en cours (« *Contrat de progrès* » de 1994) et suite à une montée des conflits sociaux et de la syndicalisation dans ce secteur, le décret du 26-1-1983 a connu de très nombreuses modifications (D. n° 92-752 du 3-8-1992, D. n° 93-262 du 26-2-1993, D. n° 96-1082 du 12-12-1996, D. n° 96-1115 du 19-12-1996, D. n° 98-59 du 29-1-1998, D. n° 2000-69 du 27-1-2000, D. n° 2002-622 du 25-4-2002, D. n° 2003-1242 du 22-12-2003).

Les réformes intervenant par strates successives en fonction des circonstances l'ont rendu passablement illisible. Il reste que la réforme du 25-4-2002 marque un tournant. Premièrement, elle permet un rattrapage par la voie réglementaire de la très pragmatique convention collective « *grands routiers* » du 23-11-1994 qui permit à l'époque, au prix de dispositions illicites, d'amorcer une logique nouvelle dans les relations salariales en favorisant le décompte et le paiement effectifs de toutes les heures de travail. En second lieu, cette réforme permet pour la première fois à un certain nombre de chauffeurs routiers « *marchandises* » de bénéficier intégralement du droit commun du travail.

Comparativement, l'univers juridique et social du transport de voyageurs apparaît moins tourmenté. On constate cependant d'importants soubresauts liés notamment aux particularités de certaines règles conventionnelles qui tendent à crever le carcan réglementaire et légal. L'exemple le plus probant est le cas de l'important accord de 1998, dans le secteur du transport urbain de voyageurs, dont la mise en œuvre est rendue impossible par l'annulation de certaines dispositions du décret du 14-2-2000 prévoyant l'existence de conventions dérogatoires à la loi.

Un autre exemple de l'intrication des règles conventionnelles et réglementaires et du rôle moteur de la convention collective est la récente réforme du 22-12-2003 permettant de soustraire au décret du 26-1-1983 la réglementation de la durée du travail dans le secteur du transport interurbain de voyageurs. En effet, l'entrée en vigueur de l'accord du 18-4-2002, qui initie de profondes réformes, est conditionnée pour l'essentiel à une évolution de la réglementation posée au décret de 1983, ce qu'effectue le décret du 22-12-2003. Mais l'entrée en vigueur de ce texte est elle-même soumise à la publication de l'arrêté d'extension de l'accord de 2002.

Pour l'avenir immédiat (année 2004), la principale évolution sera la mise en place progressive du chronotachygraphe électronique, d'abord sur les véhicules neufs, puis sur les véhicules déjà en service, à l'occasion d'un remplacement de l'appareil (règlement communautaire CE n° 1360/2002 du 13-6-2002). Dans un avenir plus lointain, la législation française devra s'adapter, avant avril 2005, à la nouvelle directive n° 2002/15/CE du 11-3-2002 relative à l'aménagement du temps de travail des personnes exécutant des activités mobiles de transport routier. Enfin, la réglementation européenne du 20-12-1985 sur les temps de conduite et de repos des chauffeurs devrait également évoluer rapidement.

Index

Pour aller plus loin

ARTOUS (A.) *L'aménagement et la réduction du temps de travail dans le transport routier de marchandises*, Les Etudes du SES n° 142, DAEI-SES, août 2002, 60 p.

CARRÉ (S.) Un exemple de pluralisme juridique : l'accord Grands Routiers du 13 novembre 1994, *Revue Juridique de l'Ouest*, 1999, n° 3, p.173.

CARRÉ (S.) La notion d'affrètement dans le transport routier de marchandises, *La Semaine Juridique* éd. entreprise et affaires, 4 fév. 1999, n° 5, p.210.

CARRÉ (S.) L'état du droit dans le transport routier de marchandises : une réglementation en trompe l'œil, *Droit et Société*, 2000, n° 56, p.597.

CARRÉ (S.) Le rôle de la sécurité routière dans l'émergence d'une réglementation sociale internationale relative aux chauffeurs routiers, *Droit Ouvrier*, mars 2001, p.89.

CARRÉ (S.) La délicate appréhension du temps de travail des conducteurs routiers, *Les Cahiers Scientifiques du Transport*, 2001, n° 39, p.3.

CARRÉ (S.) Les conditions d'exercice du métier de chauffeur routier et l'alternative du contrat de transport, *La Semaine Juridique* éd. entreprise et affaires, 27 juin 2002, p.995.

CARRÉ (S.) Les rapports tumultueux de la loi et de la négociation dans le secteur des transports routiers, *Les Cahiers Scientifiques du Transport*, 2002, n° 42, p.25.

CARRÉ (S.) Les artisans chauffeurs : l'allégeance dans l'indépendance, in *La subordination dans le travail : analyse juridique et sociologique de l'évolution des formes d'autonomie et de contrôle dans la relation de travail* (dir. : J.P. Chauchard, A.Ch. Hardy-Dubernet), éd. La Documentation Française/Minist. des affaires sociales, coll. Cahiers Travail et Emploi,2003, p.263.

CARRÉ (S.) L'aspect protéïforme des règles d'entreprise, *Revue Interdisciplinaire d'Etudes Juridiques*, 2003, n° 51, p.39.

CHOTARD (J.) Durée du travail et salaire dans les transports de marchandises par route, *Droit ouvrier*, 1997, p.157.

GAVALDA (N.) La réduction du temps de travail des chauffeurs routiers, un réel défi pour les transporteurs français, *Droit social*, 2001, p.813.

GODARD (O.) Infractions commises par les transporteurs routiers *in* Chroniques de droit pénal du travail, *La Semaine Juridique* éd. entreprise et affaires, I, 549, n° 7.

HAUDIDIER M.), RAMACKERS (P.) La durée du travail est-elle encore contrôlable ? Réflexions sur une évolution à partir de l'exemple des transports routiers *Droit social*, 1995, p.333.

Nombreuses chroniques sur le droit et la vie sociale du secteur des transports au *Bulletin de la logistique et des transports* (G. de FOS, M. TILCHE, N. GRANGE…).

Table des matières